Uno Theory and Pareto Optimality

宇野理論と パレート最適

さらば古典、されど古典

YAMAMOTO Tetsuzou 山本哲三 著

社会評論社

宇野理論とパレート最適　——さらば古典、されど古典

目次

序章
純粋経済学 ―資本主義とは何か

資本主義とは何か。この核心的な問いに簡単に答えるのはむずかしいが、とりあえず、マルクスに倣い、資本主義社会とは、人間ではなく、資本ないしその人格化としての資本家が「自己増殖する運動体（の担い手）」として経済世界の主体になり、主役として振る舞う社会と答えておこう。宇野理論や経済人類学に即してもう少し厳密にいうと、資本が「労働力の商品化」を介して一社会を根底から市場経済的に支配する社会（宇野公蔵）ということになるし、それまで政治・社会関係（宗教、文化）の中に埋め込まれて経済（＝中世封建社会）が、労働・土地・貨幣という三つの商品化を契機にそれらの諸関係から自立し、逆にそうした諸社会関係を律するようになった社会（K. ポランニー）ということになる。

資本主義が一つの社会構成体として持つこうした特殊歴史的な性格は、それを分析する経済学に、他の人文・社会科学とは異なるユニークな特徴を与えることなった。その一つは、分析対象たる資本主義社会を他の社会的諸関係から区分された自立的な社会として独自に把握することを可能にしたことであり、もう一つは社会が市場経済により根底から支配されたため、人間の経済諸関係が数量関係で表現され、あたかも自然科学のような法則的な探求が可能になったことである。

人文哲学の一部は近代になって社会科学として分離・独立す

るが、この動きを主導したのは近代資本主義と法治国家の誕生であった。とくに、社会科学の形成にあっては、経済学が大きな役割をはたした。経済学は、宗教・イデオロギー諸形態といった観念的な諸要素をその分析から「夾雑物」として排除・消極化して、もっぱら市場経済の原理ないし商品経済の運動法則(=価値法則)を知ろうとしたのである。経済学のみが「原理」を持つことからもあきらかのように、他の社会諸科学(政治学、法律学、社会学)は経済学の発展との相互関連で徐々に体系化が進むのである。このことは、「万有引力の法則」というかたちで自然界の運動法則を発見し定式化したニュートンに感動し、その潜みに習い、人間社会の運動法則を把握しようと学問を志し、修辞学、哲学(「道徳情操論」)から、法律・政治学(「法学講義」)をへて、最後に経済学(「諸国民の富」)に到達した人文・社会科学の巨匠アダム・スミスの研究歴が雄弁に物語っている[(1)]。18,19世紀は人文学が哲学、法学・政治学、経済学、社会学といった具合に分化・発展を遂げた時代であり、経済学も当初は政治学(政策)として生まれながら、イギリスで自由主義政策(自由放任・自由貿易論)と「安価な政府」論が勝利すると、次第に政策学から離れ、もっぱら経済法則の探求に傾斜していくのである。

ここで「科学として経済学」が成立する道には二つあった。一つは、健全な唯物論・経験論に根差したイギリスの古典派経済学、より正確にはリカードの道であり、マルクスの「資本論」や宇野公蔵の経済学もこの系譜に属する。もう一つは人間の感情・意識を重視するいわゆる主意論・観念論の立場にたつ限界効用学派、より正確にはローザンヌ学派におけるワルラス・パレートの道である。本書は、この二つの経済学がいかに完成したかその成立プロセスと経済学認識の到達点を見ることで、両者の科学的な達成を評価すると同時にその限界を詳らかにせんとするものである。ニュートン物理学vsアインシュタイン相対性理論という物理学とのアナロジーでいえば、経済学の古典も資本主義の特殊な発展段階ないし特殊な経済環境のもとで成立したのであって、その意味では、宇野弘蔵のいう「純粋な資本主義」も、パレートのいう「完全な市民社会」（＝単純商品生産社会）[(2)]もケインズ以降の現代経済学の立場からすれば、いわば特殊理論であって決して一般理論ではないのである。したがって、現代にそれを直接適用することはできないのである。

【注】

(1) アダム・スミスの総合的な人文哲学から個別社会科学への道はのちに逆転され、19世紀末になると再び個別科学から人文社会科学総合への道が模索されるようになる。これは、経済学の側からの政治学、法律学、社会学、心理学および生物学などへの接近となって現れてくる。なお、アダム・スミスの学問体系については、山本哲三「スミス価値論の生誕と帰趨」（「評論」no.52、1985年）を参照。

(2) 厳密にいうと、宇野は資本家・労働者・土地所有者の三大階級から成る社会を、ワルラスは経済主体が生産者・交換者・消費者を兼ねる商品経済社会を資本主義としてイメージしていた。したがって宇野の「純粋資本主義」論とワルラスの「純粋経済学」はその性格を根本的に異にするが、商品経済の法則（＝価値法則）の探究ということで両者は重なるのである。

前編

宇野理論とパレート最適

第一章

唯物論と
マルクス・宇野の価値法則論

A. 自己疎外論から経済学批判へ

若きマルクスはヘーゲル左派の学徒として思想家としての一歩を踏み出した。(哲学的急進主義)、当時ライン州の農村で一大問題になっていた「森林盗伐の問題」で社会問題に目覚め、困窮する農民の側に立って社会正義を求めて闘う弁護士として歩みを前進させる。その途次で、マルクスは、ヘーゲル左派の哲学徒としての自分を根底からひっくり返すような思想的大事件に遭遇する。フォイエルバッハによるキリスト教批判がそれである。フォイエルバッハは、その主著「キリスト教の本質」で、神学の秘密は「人間学（=アントロポロギー)」にあることを明らかにし、キリスト教は人間の倫理・精神の疎外態でしかなく、「生身の人間」のほうこそ重要であると喝破したのである（=現実的人間主義)。マルクスは彼に深い影響を受けて「ヘーゲル法哲学批判序説」を書き、法的諸関係および国家諸形態は「人間精神の一般的発展から理解されるものではない」とし、「ヘーゲル哲学は根底から転倒している」と批判した。人間がその活動で外化（＝対象化）したものが人間から独立し、逆に当の人間を支配することを「自己疎外」（＝主客転倒）と呼ぶならば、「現実性剥奪の自己獲得」が次の重要な課題となる。宗教論では、現実的人間主義というのがその一つの回答になるが、自己疎外は何も精神世界の現象に留まるものではない。市民社会のなかにも存在する。マルクスの「経済学・哲学草稿」は、この自己疎外の問題を「資本、私有財産、貨幣」といった具合にとりあげ論じたものである。だが、「市民社会の権力である貨幣」や「疎外された労働」の帰結として「資本」を除いては、経済的諸範疇（「労賃」、「地代」、「私有財産」）をうまく説明できずに終わっている。経済的諸範疇は「交換・生産・分配諸関係」といった「社会的諸関係」、いわば人間が経済過程でとり結ぶ相互関係から成っており、また近代社会では人と人の関係は物化されて現れるのであって（＝物象化）、もはや自己疎外論の論理構成（＝主体・客対の弁証法）だけでアプローチできるものではなかったのである。

とはいえ、フランスの社会主義に影響を受け、エンゲルスとともに共産主義に目覚めたマルクスにとって、資本家と労働者の階級関係の分析は焦眉の課題であり、経済問題は決してないがしろにできるものではなかった。マルクスはこの後二つの新しい理論的武器を手に入れる。一つは、ドイツ観念論（「聖家族」、「フォイエルバッハ・テーゼ」、「ドイツ・イデオロギー」など）やプルードン社会主義（「哲学の貧困」）との対決を通して得た「社会的諸関係」（＝「人間とは社会関係の総体である」）という概念であり、もう一つはM. ヘスから借りた「生産力と交通形態」ないし「生産力と生産関係」という対概念である。これにより、マルクスは「現実的人間主義」から決別し、人間が歴史的かつ社会的な存在であることを確認し、明確に唯物論の方向に向かって経済・社会理論の進路を拓いたのである（＝「ドイツ・イデオロギー」）。フォイエルバッハのいう現実的人間主義は「非歴史的、非社会的、抽象的な」人間観にすぎず、現実の人間は社会的諸関係に規定された存在（資本主義にあっては物象化された関係の担い手）にすぎないというのである。ここで手に入れた社会的諸関係や交通諸形態という概念を「歴史」把握に応用したのが、いわゆる「唯物史観」である。現実的な諸個人から出発する場合には、諸個人の現存のための物質的生活諸条件が問題になるが、それは一定の生産力段階に相即する「諸個人相互間の交通（＝生産関係、交易関係、コミュニケーション関係など）」のなかに存在している。こうして「下部構造という概念」の骨格が形成されていくのである。もう一つ見逃せないのは、プルードン批判を通して得たイギリス古典派経済学、とりわけリカード経済学の再評価である。マルクスはプルードンの「経済的矛盾の体系―貧困の哲学」）を「合成の誤謬」と激しく斥けた（＝「哲学の貧困」）。プルードンは、「効用は価値を基礎づける。労働はその関係を固定する」とし、この「労働が固定する価値」を以って使用価値と交換価値を総合するジンテーゼ（＝「構成された価値」）と呼んだが、マルクスはこれを「リカード理論のユートピア的解釈」と厳しく批判した。そこで、マルクスはリカードの労働価値説を支持する一方、リカード左派の力を借り、近代的な賃金労働者の搾取の問題に踏み込むのである。すなわち、労働（力）商品の価値規定（「労働の価値」ないし「必要労働時間」の規定）と搾取関係の解明（資本家による剰余労働の搾取）に道を拓くのである。マルクスは「労働時間による価値の決定は、……現存社会の経済的諸関係の科学的表現である」とし、ほんの数年前には「現実を無視した抽象論にすぎない」と非難していたリカードの労働価値説を公式に認め、プルードンとは完全に決別することになる。その直後に、「共産党宣言」と「賃労働と資本」をほぼ同時に発表し、フランス社会主義とは異なる科学的社会主義を標榜するのである。

この間、マルクスはまた新しい理論的武器を手に入れる。

一つはリカード経済学である。マルクスは、リカードが資本の利潤と労働の賃金の「逆比例」関係を掴んでいることを、また地代を差額地代として明らかにし資本家と地主の利害の対立を説いたことを、高く評価していた。その成果は、「賃労働と資本」で確認される。そこで、マルクスは利潤の根拠としての剰余労働—剰余価値を発見し、資本関係が階級的な「搾取関係」であることを理論的に明確にし、階級闘争を理論的に基礎づけるのである。ただし、マルクスはこの段階では「労働」と「労働力」とをいまだ明確に区別できないでいる。この段階で、マルクスに資本家と労働者の間に搾取関係があることを知らしめたのは、リカード左派（ホジスキン、ブレイなど）やリカード派社会主義者（シスモンディなど）であった。もう一つは、唯物史観の公式である。マルクスは、「ドイツ・イデオロギー」で、当時ドイツで流行していた諸種の観念論や唯心論を唯物論の観点から徹底的に批判し、下部構造と上部構造というユニークな概念を創出することで、ドイツの諸イデオロギは後進国ドイツの経済的下部構造が生んだ「歪んだ観念論」でしかないことを明らかにするのである。そして、マルクスはこの唯物史観を「導きの糸」にして、「ブルジョア社会の解剖」を経済学に求め、そこに立ちはだかる壁の超克（＝経済学批判）に晩年の全エネルギーを費やすことになるのである。リカード批判は、それが経済学の科学的認識を含んでいるかぎり、先行思想家への批判のようには簡単に片付かなかったのである。唯物史観では、次の 3 命題が、マルクスの「座右の銘」とされていた。すなわち、——①人間はその生活の社会的生産において、一定の必然的な彼らの意思から独立した諸関係を、つまり彼らの「物質的生産諸力の一定の発展段階に対応する生産諸関係」を取り結ぶ。②この生産諸関係の総体は社会の経済的機構を形作っており、これが現実の土台となって（＝下部構造)、そのうえに、法律的、政治的上部構造が聳え立ち、また一定の社会的意識形態は、この現実の土台に対応している。人間の意識がその存在を規定するのではなく、逆に人間の社会的存在がその意識を規定するのである。③社会の物質的生産諸力は、その発展がある段階に達すると、いままでその中で動いてきた既存の資産諸関係、あるいはその法的表現にすぎない所有諸関係と矛盾するようになる。従来の生産諸関係は発展する生産諸力の「桎梏」へと一変し、社会革命の時期が始まる——、というのがそれである(1)。

B. リカードとマルクスの労働価値説

リカードは、三つの経済政策論争（地金論争、穀物法論争、救貧法論争）で頭角を現し、自己の政策的主張を経済学的に基礎づけるために、経済学の理論研究に没頭していく。金地金論争では、金地金の価格高騰の原因はイングランド銀行の銀行券の過剰発行にあるとするいわゆる「通貨主義」を主張し、穀物法論争では穀物輸入の自由化を支持し、救貧法問題では、貧困の原因は過剰人口にあるといういわゆるマルサス人口論を一部受容し、貧困の原因を「社会制度」の所為にする議論を牽制している。リカードは、アダム・スミスに従い、価値を使用（＝効用）価値と交換価値に分け、効用は交換価値に不可欠であるが、商品が効用を持つとすれば、交換価値のほうは「稀少性」と「労働」という二つの原因から生じるとした。労働により増加が可能な非稀少財については、交換価値の「根源」は労働であり、交換価値はほとんどもっぱらそこに体化されている「相対的労働量」によって決まるというのが、「経済学におけるもっとも重要な学説」であると説いた。スミスは、投下労働量のほかに、支配労働量によって交換価値を表現しようとしていたが（＝スミス価値論の二重性）、両者は「労働の価値」は不変だとしても（＝スミス）「労働の報酬」は可変的なので、喰い違ってしまう。リカードはその難を避け、価値論を「体化されている労働量」に一元化したのである[(2)]。投下労働価値説への理論的な前進が、価値法則の素晴らしい「演繹」を可能にし、リカードの差額地代論となって、また比較生産費説となって見事に開花するのである。

リカードは、「労働の価格」を、その長期均衡価格である「自然価格」と労働需給によって決まる短期均衡価格である「市場価格」に区別した。労働の「市場価格」が労働市場の労働の需給関係で決定されるのに対し、労働の「自然価格」は「労働者たちが平均的にいって生存しかつ彼らの種族を増減なく永続させるのに必要な」賃金（＝貨幣賃金）とされた。リカードによれば、労働市場では資本（＝流動資本）が労働を需要し、労働者人口が労働を供給するが、そこで決定されるのは実質賃金であり、貨幣賃金というのはこの実質賃金と財市場で決定される賃金財価格によって相対的に決定されるものなのである。労働の市場価格はその自然価格に一致する傾向を持つ。市場価格が自然価格を上回っていれば人口が増加し、逆ならば労働者の窮乏が人口の減少を招く。進歩している社会では、「労働の市場率」はその自然率をある期間絶えず超えるが、それは人口の増加で調整される。だが他面、労働者の運命は農業の収穫逓減に影響を受ける。資本と人口の増加の増加によって、穀物需要は増加し、穀物価格は上がる。これに対し、貨幣賃金の騰貴は穀物価格のそれに遅れがちなので、結局「労働者の境遇は一般に衰退」するというのである。

リカードは労働価値説に基づきその利潤論を以下のように展開する。まず、同一労働量は「同じ価値または価格」を生むことを前提にする。そして、これを基準に用いれば同一労働量の「穀物と製造品は常に同一価格で売れる」ことになる。また、「商品の全価値は（賃金と利潤という）二つの部分に分割されるのみである」。いわゆる「V＋Mのドグマ」の採用である。ただし、ここでの彼の関心は「どうして利潤が生まれるのか」にではなく、もっぱら利潤（率）の低下傾向の探求にあった。資本増大（人口増大）→ 穀物生産の増加 → 劣等地の耕作 → 穀物価格の高騰 → 労働の価値の高騰 → 利潤率の低下というのが、リカード利潤論の大まかなロジックである。リカードは経済の全部門を製造業と農業に分け、利潤率の均等化（＝一般利潤率の成立）と利潤率の低下傾向を説くのであるが、利潤と賃金の相反性、逆比例性が立論の根底に置かれている。このリカードの賃金（＝「自然価格」規定）と利潤（利潤は労働生産性と実質賃金の低下から生じるという）の相反という論点は、労働力商品の価値を規定する際に、また剰余価値論（＝搾取論）や利潤論（利潤率の低下法則）を展開する際に、マルクスに大きなヒントを与えることになった。

マルクスは、リカードの労働価値説と三大階級論を継承するが、その資本主義認識をリカードとは全く異にしている。資本主義を「自然秩序の体制」と見なしていたアダム・スミスやリカードと異なり、マルクスは資本主義を特殊歴史的な階級社会と捉えていたのであって、この歴史認識の相違は、価値形態を重視するマルクスの価値論の特異性となって表現されている。彼は、いわゆる商品形態論から価値論にアプローチしているのである。すなわち、「経済学批判」は、「一見するところブルジョア社会の富は、一つの巨大な商品集積としてあらわれ、個々の商品はこの富の原基的定在としてあらわれる。しかも、おのおの商品は使用価値と交換価値という二重の視点のもとに自己を表している」という書き出しから始まっているのである。こうしてマルクスは商品を資本主義の細胞単位と見定め、商品の特性を使用価値と交換価値という「価値の二重性」で捉える。使用価値とは、「使用に関してのみ価値を持ち、消費の過程においてのみ実現される」ものであり、富の社会的形態とは無関係ないわば「富の内容」をなしている。それに対し、交換価値は「さしあたり」使用価値が相互に交換される「量的比率」として現われる。使用価値は交換価値がそれで自らを表示する「素材的土台」となるのである。マルクスは、こうして商品の基礎形態として交換価値と使用価値を析出したあと、その価値分析を一歩進め、有名な「一オンスの金、一トンの鉄、一クウオターの小麦、そして20エレの絹」が等しい交換価値であるとき、その実体は「同じ分量の等しい分量を表示している」とし、「価値の実体」を「抽象的人間労働」の「凝固したもの」として規定するのである。いわゆる「蒸留法」と呼ばれる方法で使用価値を形成する「具体的有用労働」の側面を捨象し、価値の実体として一挙に抽象的人間労働を持ち出すのである。しかし、商品が生産される仕組みが、すなわち資本家的生方法産の何たるかが解明されない段階でのこのようなアプローチはいくら何でも乱暴が過ぎる。商品論で労働が価値実体をなすことなど十分に立証されるはずもない。いくら、自然科学と異なり、経済学では容易には「実験室」が設けられないといっても、蒸留法のような「抽象力」だけで価値の実体に迫れるわけではない。マルクスの「下向法―上向法」は、とりあえず下向プロセスでは成功したものの（＝資本主義の細胞形態の発見)、上向プロセスでは失敗したといえよう。資本主義的生産の仕組みを解かないまま商品価値の実体を規定してしまったからである。

とはいえ、マルクスは、「資本論」になるとこれとは別に、「資本の生産過程」の中の「価値増殖過程」で商品価値の実体を労働時間に即して規定している。そこでは、まずあらゆる社会に共通な「労働過程」が「人間と自然との物質代謝の過程」として描かれている。「労働過程」では商品の使用価値が形成されるが（＝有用労働)、それは商品生産の一側面とされ、労働過程は資本主義ではこの「価値増殖過程」の一側面として実現されることになる。そこでは労働者の労働が価値を形成・増殖するが、すでに商品論で労働の二重性を説いた彼にとって抽象的人間労働が価値を形成・増殖するのは「当然」のことであり、彼の関心は価値形成というより価値増殖の秘密の解明の方に置かれることになる。マルクスは「生産的消費」と「個人的消費」を区別し、後者は「生産物を生きている個人の生活手段として消費」するのであって、「その生産物は消費者自身（の労働力）」ということになる。だが、前者は資本家が購入した労働力商品の使用価値を生産過程で消費するものであり、それは価値形成・増殖をなす労働として現われ、その結果はもはや労働者のものではなくなる。いわば「別の生産物」（=「資本の生産物」）になる、というのである。

生産的消費において、もし労働者が労働力の「日価値」を規定する労働時間しか、つまり労働力を再生産するのに必要な労働分しか働かないとすると、生産物の価値は生産手段の価値プラス労働力の日価値の和となり、生産物価値と投下資本価値は等しくなる。それゆえ、剰余価値は生産されず、資本は増殖されない。だが、これでは貨幣は自己増殖する価値の運動体（=資本）に転化しない。ところで、労働力商品においてもその価値と使用価値は別ものである。一労働日のためには一日分の生産資料が必要であり、それによって労働力の価値が規定されるが、そのことは彼が一日6時間以上働くことをなんら妨げるものではない。労働力の使用価値である労働は6時間以上にもなりうるのであり、そこに剰余価値の生まれる根拠がある。資本が労働力を購入した理由も、労働力商品の使用価値のこの特殊性、つまりそれが「価値の源泉」であり、しかも「それ自身よりも大きな価値を生む源泉」であるからである。資本家は労働力商品の日価値さえ支払えば、労働力の一日分の使用価値（＝一労働日）を手に入れられるのであって、ここに商品交換法則（＝等価交換）に反するものはまったくない。

労働力の売買によって、例えば、労働者が一日 12 時間の労働をすることになれば、原料や紡錘などの生産手段も 2 倍消費され資本の投下量も増えるが、資本家が労働者に労働力の日価値しか支払わなければ、あとの 6 時間に見合う生産物価値は資本が「諸商品の＜死んだ労働＞に生きた労働力を合体させることによって」生産した剰余価値ということになる。

資本家的生産にあっては、まず資本家は商品市場と労働市場で生産手段と労働力を購入し、自分の監督の下で労働者に労働を促す。この労働は「資本家に属している」のであって、当然のことながら「生産物は資本家の所有物」となり、もはや労働者のものではない。したがって、労働者は自分の生活に必要な生活資料を資本家から買い戻さなければならない。労働力は本来、「商品」として生産されるものではなく、「人間の身体、生きた人格の中に存在する心身の能力の総括として、彼が何らかの種類の使用価値を生産するにあたっては、常にこれを使用するもの」としてあるわけである。したがって、本来は労働者が彼自身のために使用すべきものが使用しえないものとなっているのである。

ここで重要なのは、商品交換は一般に自由対等な関係を前提しており、それ自身においては「何らの従属関係」をも含んでいないということである。したがって、労働力を売買しても、労働者が即座に資本家との間で支配・従属関係に入るわけではないが、「労働力が労働者の心身を離れてはありえないため」、資本家がそれを生産過程で使用（＝消費）する間は「従属的地位」に立たざるをえない。すなわち、労働者は「市場（＝自由・対等の関係)」と「工場（＝支配・従属の関係)」ではその地位を替えるのであって、労働力の商品化は資本主義社会の階級関係を商品関係で「隠蔽」してしまうのである。

労働力はそれ自身商品として生産されるものではない。生活資料も本来は労働者の生活のために消費されるのであって、それを原料その他生産手段と同じように見立てるわけにはいかない。労働力が生産されるというわけではないのである。労働者は生活資料を商品として購入するが、その使用価値は生活のために消費せられるものであって、そこで再生産される労働力も労働者にとって価値としてあるわけではない。また、消費される生活資料の価値も労働力商品に移転され、保存されるわけではない。労働力の販売とその再生産を通じた再販は実は「消費過程」によって「中断」されているのである。商品経済はこの中断を生産過程における資本の流通の中断であるかのごとき「外観」を強制し、生産関係を物象化するのである（＝商品経済の物神性)。労働力は、こうした意味でのみ他の商品と同様、その価値を決定されるわけだが、それは結局労働者の生活を維持するに足る生活資料の生産に要する労働時間によって間接的に決定されることを意味している。断じて労働力そのものが生産されるのに要する労働時間によってではないのである。したがって、労働力の価値を 3 シリングとすると、結局それと同等の価値を生み出す生活資料を生産するのに要する労働時間が

「必要労働時間」と定義されることになるのである。

マルクスは、綿糸の生産を問題にし、10 ポンド（重量）の綿花が 10 シリングで購入され、綿花の加工中に消耗した紡錘量(＝紡錘機・生産手段) の価値が 2 シリングであると「仮定」する。この不変資本の価値(＝ 12 シリング)が 24 労働時間(＝ 2 労働日) の生産物だとすれば、生産される綿糸には、「2 日分の労働日」が対象化されていることになる。いま、「40 ポンドの綿糸の価値＝ 40 ポンドの綿花の価値＋まる一個の紡錘機の価値」と仮定すれば、10 ポンドの綿糸は、「10 ポンドの綿花と 1/4 個の紡錘機」の等価物ということになる。要するに、12 シリングという価格で表される生産手段の価値は綿糸の価値の一部分をなしているのであり、「次に問題になるのは、紡績工の労働そのものが綿花に付け加える価値部分」ということになる。

ところで、マルクスは、すでに第二篇第四章第三節「労働力の売買」で「労働力の日価値」は 3 シリングに等しく、この三シリングには「6 労働時間」が具体化されていると想定していた。したがって、「紡績工の労働が「1 労働時間に 5/3 ((＝ 10 ÷ 6) ポンド)」の綿花を 5/3 ポンドの綿糸に変える」とすれば、6 時間では 10 ポンドの綿花を 10 ポンドの綿糸に変えることになる。そして、この 6 労働時間は 3 シリングの金量で表される。すなわち、「死んだ労働（＝生産手段)」が「生きた労働」によって三シリングの価値を付け加えられる」のである。しかし、ここで資本家は「はっとする」。これでは、生産物の価値は「前貸しされた資本価値」しかない。10 ポンドの綿糸の価格は 15 シリングであり、このうち 10 シリングは綿花に、二シリングは紡錘量に、そして三シリングは労働力に支出されている。したがって、資本は増殖されていない。これに対し、一労働日を12時間に延長すると、その労働は倍の綿花と紡錘量（＝生産手段）を消費し2倍の綿糸（20ポンド）を作り出す。そこには60時間（＝24×2＋12）の労働が対象化されており、それは30シリングの価値に相当する。しかし、資本家はここでは27シリング（12シリング×2＋3シリング）しか、資本を前貸していない。こうして剰余価値3シリングが生まれるが、これこそ剰余労働6時間分の価値にほかならない。

ここでのキー概念は労働力の商品化であり、いわば等価交換の法則の下で、資本が剰余価値を正当かつ合法的に獲得することが初めて明示されたのである。ただ、マルクスはすでに商品論の段階で「一般的な価値法則」を抽象的人間労働で規定してしまったため、資本の生産過程でも6時間分の労働生産物の価値が3シリングということを自明なものにしてしまった。それはともかく、マルクスの価値論は「搾取理論」をその核心的な要素としており、両者は不即不離の関係にあるのである。

マルクスは「資本論」第三部「総過程の諸姿態」で、競争市場の下での資本的所得の分配関係を取り扱っている。競争市場とは資本家が相互に利潤最大化を睨みながら互いに価格で競い合う市場であって、ここでは支配者階級（資本家、地主）間の分配関係（利潤、地代、利子）を通して、剰余価値が具体的な所得形態として顕在化する。すなわち、分配諸形態はすべて剰余価値の具体的諸形態ということになり、資本主義の分配関係とは剰余価値が資本家の間で、また資本家と地主との間で分配される関係にほかならぬことが明確にされるのである。だが、個別資本の競争次元で成立する均衡価格とは、資本がより高い利潤率を求めて産業部門の間を移動する結果生じる一般的利潤率が成立するときの価格であり、それは部門間の異なる利潤率が均等化された結果成立する、いわゆる「生産価格」ということになる。だが、これは一見して、価値とは乖離するのであり、後に価値と生産価格の「矛盾」として厳しく批判されることになった。

以上、マルクスの価値論体系は、次の命題に要約される。①商品の価値はその生産に社会的に必要な労働量、すなわち、「正常な生産条件と平均的な労働の熟練度・強度」の下における労働量によって決定される。②剰余価値は、一労働日の価値と支払われる賃金(＝必要労働時間)の差によって決定される。③(純投資のない) 単純再生産では均衡生産量は資本の構成と消費需要に依存し、消費需要は資本家の利潤と労働者の実質賃金に対応している。④一般的利潤率ないし生産価格は、異なる資本構成の間をより大きな利潤を求めて移動する資本によって決定されるというのが、それである。このうち、④の価値と生産価格の問題はマルクス価値体系の「矛盾」としてオーストリア学派のベーム・バベルクによって厳しく批判され、その後もボルトキビッチを始めとした多くの論者がこれを取り上げたため、いわゆる「転形論争」として、マルクス価値論の一大焦点を成すと同時に、その「アキレス腱」ともなっていく(3)。

マルクスは、リカード価値論の限界を超えて労働価値説を一貫した体系として仕上げた。その点では古典派経済学の批判者であると同時に完成者といってよい。例えば「機械と失業」や「固定資本と価値修正」といった厄介な問題を独自に解決したのである。彼の価値論の方法は、「蒸留法」でこそ躓いたものの、価値の実体を「資本の増殖過程」の中で再規定しており、それを前提に資本主義的生産関係の本質（＝搾取関係）を探っている点で、まさに唯物史観に立脚した価値論を成していた。

C. 宇野弘蔵の価値論

宇野弘蔵の価値論の真価は、マルクスの「資本論」を純化し、それを資本主義の「運動法則」を解明した「原理論」として書き直したところにある。そこで用いられた方法論がいわゆる「純粋資本主義の想定」という宇野独特の対象模写論である。19世紀中葉の英国自身が旧来の社会を資本家・地主・労働者という三大階級から成る社会に歴史的に純化・発展させていったのであり、経済学はその「歴史的抽象」を模写したものであり、原理論には歴史的かつ客観的な根拠があると主張したのである。宇野はこの純粋資本主義論で経済学を科学的に基礎づけたのである。

宇野がマルクス批判でまず手をつけたのは「貨幣の必然性」の問題である。貨幣を価値の実体に触れず、価値の形態だけで導出しようと試みたのである。これは、マルクス弁証法の応用問題でもあったが、思わぬ大きな世界認識を宇野にもたらした。「資本論」第一巻第一部、第二部を商品 → 貨幣 → 資本の流通形態論として純化し、これを「流通論」として再編し、基本的に使用価値と交換価値の矛盾から流通諸形態を展開する道を切り開いたのである。そのうえで労働力の商品化により商品形態があらゆる社会に共通する人間と自然の物質代謝を包摂するという視点から資本主義の特殊歴史性を抑え、「資本の生産過程」とそれに続く第二巻「資本の流通過程」、「資本の再生産過程」を一括して、資本家と労働者の関係を総体的に取り扱う「生産論」として纏め、「代表単数的」に資本の生産・流通・再生産を展開したうえで、第三巻「総過程」を個別資本の競争関係を前提に利潤、地代、利子といったかたちで資本主義の分配関係を扱う「分配論」として取り纏めたのである。宇野は、「資本論」に混入している思想的な夾雑物（階級闘争の理論、「否定の否定」などの観念的な思弁、窮乏化法則、恐慌・危機論などの終末論の類）を取り除き、「資本論」を経済学として純粋化したわけである。

宇野は、そのコンパクトにまとめられた「経済原論」（岩波全書版）の「索引B」で、「資本論における問題点」を30数点取り挙げているが、その約三分の一が価値論に直接・間接に関連している。マルクスとの苦闘の跡が読み取れるのである。宇野の価値論の優れているところは、①価値形態と価値実体の明確な区別、②価値と使用価値の矛盾・対立から弁証法を用いて展開する商品→貨幣→資本という流通形態論の展開(4)、および③流通形態による生産過程の包摂と「資本の生産過程」における価値法則の論証に纏めることができよう。とくに③については、マルクスの「労働過程」論を「労働生産過程」論と修正し、そこで労働の二重性（具体的有用労働と抽象的人間労働）と労働の生産力（一労働日＝必要労働時間＋剰余労働時間）を規定し、「価値形成・増殖過程」において商品価値の実体が労働量であることを明らかにした点に宇野の独創性がある。資本家は労働力を一旦購入すると再販できず、これを「消費」する以外にはない。労働力は資本家の手にあって「単に価値を有する」というものではなく、「新たに価値を創るもの」（＝可変資本）となるのである。労働力の使用価値が「労働であるということ」は、決して「商品形態」によって与えられるものではない。資本主義では、労働は「労働力なる商品の使用価値としてしか現れない」のである。それは、「一般的な労働過程」の労働ではないし、「単純な商品生産」のための労働でもない。価値を形成・増殖する労働として可変資本となるのである。労働者は生存するために生活資料を生産・再生産しなければならないが、その関係が資本主義では労働力という可変資本が資本を生産するというかたちでしか実現されないのである。その生産物は資本の生産物となり、労働者の所有に属さない。労働力としての可変資本が資本自身を生産するのである。したがって、労働者は生活資料を賃金という貨幣形態で買い戻さなければならない。可変資本の価値は労働者が一定の生活資料を消費することで再生産されるものとする。またここで、労働力の再生産に要する一日の生活資料は 6 時間の労働で生産され、その代価を 3 シリングとすると、その生産に 30 時間を要した 6 キロの綿糸（原料・生産手段 24 時間、綿糸労働 6 時間）が 15 シリングで販売されれば、いずれの商品もその生産に要した労働時間を基準に売買されたことになる。紡績資本家は、販売する 4.8 キロ分の綿糸（6×24/30）で生産手段の損耗分と原材料費を回収し、残りの 1.2 キロ分の綿糸で労賃が支払われることになる。労働者は自己の 6 時間の労働生産物を、それがたとえ自ら生産した生活資料であっても必ず 3 シリングという労働力の代価を通して「買い戻さなければ」ならない。それによって、労働力の価値（＝ 3 シリング）が資本の生産過程における商品交換関係を媒介することになるのである。もしこの「買い戻し」で5時間分の生活資料しか得られなかったら、労働力は再生産されないし、一部の資本家が有利に立つことになる。だが、資本家間の競争はそうした動きを許さないので、結局他の資本家も3シリングで6時間分の生活資料を提供せざるをえない。こうして、あらゆる生産物がその生産に要する労働時間によって得られるという「労働生産過程の一般的原則」は商品経済の下にあっては、その「交換の基準としての価値法則」として現われるのであって、資本家的生産にあっては、まさに等価交換の世界で「価値が形成増殖される」のである。

これが宇野の価値論のエキスであるが、マルクスと異なり、労働者の賃金による生活資料の買い戻しに着目し、その関係が価値と労働量（＝労働時間）をリンクさせることに着目し、そこを追求した点に、宇野のマルクスからの一歩前進があった。

【注】

(1) ここでのマルクス関係の書物は、主にマルクス・エンゲルス選集（全15巻、新潮社、1965年）によった。尚、マルクスの主な著作（「経済学・哲学草稿」、「哲学の貧困」、「賃労働と資本」、「ドイツ・イデオロギー」、「経済学批判など）については岩波文庫で読めるので、そちらを参照。また、フォイエルバッハについては「キリスト教の本質（上・下）」（岩波文庫、1965年）、D.リカードについては、「経済学と課税の原理（上・下）（岩波文庫、1978年）を参照。

(2) リカードはアダム・スミスに残る価値論の二面性—投下労働価値説と支配労働価値説—を投下労働価値説で一元化し、価値論をほぼ完成させ、マルクスを含め古典派価値論の確固とした基礎を築いた点で、またその価値論を応用して比較優位説を説いた点で、古典派経済学の代表者であるといってよい。

(3) こうして、マルクスの価値論は「搾取理論」の不可欠な要素をなし、むしろ両者は一体の関係にあった。なお、森嶋道夫もマルクスの価値論を「搾取理論」と評価している（森嶋通夫「マルクスの経済学」東洋経済新報社、1974 年）。ただし、森嶋は「搾取関係」を解くには「価値論は不要」とまで断言している。労働力商品への理解がまったく欠けているからである。

(4) 流通形態論の展開上一大争点となったのは、いわゆる「貨幣の資本への転化」をめぐる問題である。単なる流通形態たる貨幣から「自己増殖する運動体」としての資本の誕生を解くわけであるから、その秘密の解明は多くの学者の関心を呼んだわけである。まさに、そこは「資本論」のなかでも「論理と歴史の関連」が鋭く問われるポイントでもあった。価値と使用価値の対立・矛盾から純粋に資本形態の成立をロジカルに解こうとすると「資本の原始的蓄積」の歴史を軽視しかねないし（商品経済史観や平板な流通主義）、反面、歴史にとらわれると、今度は流通形態の理論的・弁証的な展開がおろそかにされかねない。

第二章
価値法則の論証

A. 宇野弘蔵のユニークな価値論

マルクスの価値法則論を、すなわち「蒸留法による価値実体規定」を取り除き、「資本の生産過程」における労働力商品の価値規定を媒介に価値法則を解明したのが宇野弘蔵である。「商品論の冒頭に価値実態を解明しようとする方法は、マルクスによってはじめて確立された価値形態論に、いな、第一章を商品論とした彼の方法自身にも相応ずるものとはいえない」。商品価値の実体を価値の形態に先行して規定することは、価値形態論の展開を妨げ、労働価値説の論証を不十分なものにしてしまったというのである。

マルクスも蒸留法とは別に「価値増殖過程」で改めて価値の実体が抽象的人間労働であることを説いているが、価値法則の証明としては不十分なものに終わっている。流通形態が社会的実体（=「労働生産過程」）を包摂・把握するという認識が不徹底に終わったため、「労働過程」をあらゆる社会に共通の「人間と自然の間の物質代謝」をなす経済基盤（＝経済原則）として捉える認識を徹底できず､それを「商品の生産」に対する「使用価値の生産過程｣と位置づけてしまったのである。すなわち、「労働過程」は「使用価値の生産過程」として「価値の生産・増殖過程」と並立されてしまうことになる。宇野が、「労働生産過程」を、資本がそれを包摂し、法則的に実現することになる「あらゆる社会に共通の経済原則」と把握したのに対し、マルクスは｢労働過程｣を商品生産ないし資本家的商品生産の「一側面」としてしまった。商品が「価値と使用価値の統一」であるように、その生産過程は「労働過程」と「価値増殖過程」との統一であるとし、「価値増殖過程」をもっぱら労働の「量的な側面（継続時間)」から考察するのである。マルクスの場合、すでに商品論のレベルで価値の実体が労働であることを「突き止めて」いるので、労働力商品の使用価値である「労働」が価値を形成することは当然視され、それが可変資本（＝生きた労働）として価値を形成増殖することの認識を曇らせてしまったのである。換言すれば、折角、「労働過程」を「いかなる特定の社会形態からも独立に考察されるべきもの」と位置づけながらも、歴史的諸社会はこれをそれぞれ特殊な社会的諸関係のもとに実現してきたことを看過してしまうばかりか、「商品の生産過程」（＝単純商品社会）という歴史的に曖昧な規定と同時並行的に「資本の生産過程」を規定してしまうのである。要するに、蒸留法による価値の実体規定が邪魔をして、資本の生産過程で価値の実体を解明するという正しい論理構成が徹底されていないのである。

宇野は、マルクスのこの欠陥を克服すべく、まず「労働過程」

を「労働生産過程」として再構成する。労働過程は、人間がその労働力を一個の自然力として対象に働きかけ、自分の目的に沿った変化を与えることでこれを生産物として獲得する、いわゆる「人間と自然の物質代謝過程」であるが、それは「結果としての生産物からいえば生産過程」でもある。そして、「生産過程」で「労働の二重性」と「労働の生産力」がおよそ以下のように規定される。そこでは人間の労働力を「生産の主体的要因」、また生産手段を「生産の客観的要因」として、次のように綿花の生産が行われることになる。いま、6 キロの綿糸を生産するのに、仮に 6 キロの綿花（その生産には 20 時間を要する）と一台の機械（生産中に消耗される機械価値部分に 4 時間分の労働が対象化されていたとする）が必要であると仮定する。ここでは生産手段自身ですでに 24 時間の労働が費やされているので、人間の 6 時間労働の結果生産される綿糸 6 キロは「30 時間の労働の生産物」ということになる。だが、もし労働の生産力が増進して同一時間内に従来の 2 倍の綿糸を生産できれば、紡績過程にある労働者の 6 時間の労働に対し、今度は 2 倍に増加した 48 時間の生産手段価値が対応することになり、12 キロの綿糸は「54 時間の労働生産物」になる。こうして、紡績工程の労働は一方で綿花を綿糸に替える有用労働として機能しながら、同時にまた紡績に要する労働時間を綿花その他の生産手段の生産に要した労働時間と「一様なるもの」とし、「新生産物の生産に要する労働時間」として一括する抽象的人間労働としても機能するのである。この労働の二重性によって、「生産過程」はどんな労働生産物をも生産できるのである。これは、あらゆる社会に共通する生産過程の「経済原則」であるが、マルクスは、「あらゆる社会の労働に共通なるもの」が資本制生産において特有なる二重性（価値と使用価値）となって現れる関係をうまく把握できなかったのである。

「生産過程」では、また「労働の生産力」という概念も重要となる。これは、一労働日のなかの必要労働時間と剰余労働時間の比率の問題として現われる。人間はいずれの社会でも、一日の労働によって一日の生活資料（＝必要生産物）以上の生産物（＝剰余生産物）を生産してきた。これはあらゆる社会に共通するいわば経済原則をなす（＝人類史発展の基礎）。人間は一日分の生活資料の消費によってその労働力を再生産する以上の労働生産物を生み出すということが、「人間社会の発展の物質的基礎」をなしているのである。封建社会では領主がこの剰余労働分を年貢として「収奪」し、資本主義社会では資本家がそれを剰余価値として「搾取」するのである。資本家は、この剰余労働を、購入した労働力の消費が生産過程で生む価値の一部として、すなわち剰余価値として取得するのである。剰余価値の生産は資本の価値増殖過程の基礎をなしており、そのあくなき追求は資本家に「労働の生産力の増進」に対する特殊の動力（＝絶対的・相対的剰余価値の生産）を付与することにもなる[(1)]。

こうして、宇野は、超歴史的な「労働生産過程」をその基底において、資本家的生産で価値法則を論証に向かうが、このことは価値法則には背後に強固な物質的基盤があり、商品生産が行われているところではいつでもこの法則が「それなりに」作用していることを意味している[(2)]。しかし、問題は資本主義以前の社会にあっては商品生産の価値法則は十分には作用しない点にある。価値法則が完全に作用するのは資本主義社会だけなのである。それゆえ、価値法則は商品生産レベルではなく、資本家的生産のレベルで論証されなければならないのである。マルクスは「小麦と鉄との交換関係」で価値の実体を論じているが、そこでいう「社会的に正常な生産条件」とか、「労働の熟練・強度の社会的平均度」とかを資本家的な生産方法の出現を待たずどうしていえるのか。これらの抽象は、いずれも機械制大工業の出現が準備するものであって、「単純な商品生産」でいえるようなことではないのである。

以上、宇野は価値法則にはあらゆる社会に共通する経済原則的な根拠があること、「生産過程」における生産物と労働時間の一般的な規定（上述の綿花生産）が資本主義では価値法則として現われることを明らかにしたのである。したがって、価値法則というのは、あらゆる社会に通ずる経済の原則を商品形態の下に「法則として実現」するものにほかならず、そこに「法則作用の根拠」が与えられていることになる(3)。

B. 価値法則の論証―価値と労働時間

宇野は価値法則を次のように論証する。例えば、資本の生産過程で労働者は1日10時間労働していると仮定しよう。その時の「労働力の価値」は、労働者が労働力を再生産するのに要する生活資料の価値、すなわち労働者の実質賃金によって決まることになる。いまこれを6時間労働が生み出す生産物（＝生活資料）の価値であり、その代価は3シリングであると仮定しよう。すると、この3シリングと同等の価値を生み出す個々の生産過程の労働時間が「必要労働時間」ということになる。必要労働時間6時間と労働力の価値3シリングがすべての価値を決定する礎となるのである。ここには、労働時間と生活資料価値の間に2労働時間＝1シリングの比が成立しており、これがすべての生産物にも当てはまるなら、一労働日から必要労働6時間分を差し引いた残りの剰余労働時間は4時間ということになり、これが剰余価値2シリングを生むことになる。こうして、価値法則が、「商品の価値はその生産に社会的に必要とされる労働時間によって決定される」という明確な価値規定として定立されるのである。そして、この価値法則は、「資本論」第二巻第三篇のいわゆる「再生産表式」によって、「絶対的に」基礎づけられる。なぜなら、この再生産表式は、あらゆる社会に共通な生産手段と生活資料との年々の価値生産を資本主義は価値法則によって実現することを不変資本と可変資本の組み合わせで説明しているからである。

宇野の価値論構想の基礎をなしているのは、したがって「労働力の価値規定」ということになる。労働力は元来それ自身労働の生産物ではない。それゆえ、その価値を規定する場合にも、いわば労働者自身の存続に必要な一定の生活資料の価値で、いわばそれに相当するものとして間接的に規定せざるをえない。事実、労働者は賃金で買い戻した一定の生活資料を個人的に消費することで労働力を「再生産」しているのであって、資本家による賃金の支払いと労働者によるその賃金での生活資料の買い戻しが、資本家と労働者の基本関係をなしている。ここでは労働力商品はその使用価値として、具体的な効用を持つ一般商品や「何でも買える」という貨幣の使用価値と異なり、「何でもつくれる労働」というきわめて「一般的・抽象的な」使用価値を持つことになる。だが、労働力は資本家が一旦労働市場でそれを購入すると、もはや資本家の手の中で商品価値を有するものではなくなる。労働力の商品の特性により、それは生産過程で種々なる商品を生産し、かつ同時に価値を形成・増殖する「可変資本」となるのである。ただし、生産過程で労働者がつくった生産物はすべて「資本の生産物」となるため、労働者は労働力を販売して得る代価としての賃金で、自らの労働力を再生産するのに必要な「一定の生活資料」を買い戻さなければならない。その生活資料がたとえ種々なる有用労働による生産物から成るにしても、全体で6時間に相当する労働生産物であるとすると、労働力商品は6時間労働が対象化された生活資料に相当する価値を有していることになる。労働者がその労働力を繰り返し販売するためには、一日分の生活資料の獲得が彼にとっての絶対的な必要条件になるのであって、その価値が6時間の必要労働時間によって規定されているなら、そこでの労働力の代価（＝賃金）と必要労働時間の関係が、すべての資本・賃労働関係で生産される生産物（＝商品）の価値規定を縛ることになる。これは宇野価値論の要石を成す認識なので、少々長いが引用しておこう。

「今、かりにこの労働力の生産に要する労働時間、言い換えれば労働者の一日の生産資料の生産に要する労働時間を6時間とすれば、……30時間（24時間＋6時間―筆者）の労働の生産物たる10斤の綿糸のうち、2斤の綿糸の代価は、資本家にとってはその労働者に支払った賃金を回収するのに役立つことになるであろう。一労働時間の生産物が0.5シリング（上記の2労働時間＝1シリングの比―筆者）に値するとすれば、労働者は賃金として3シリングを得ていることになり、資本家は2斤の綿糸を3シリングに販売すればよいことになる。もちろん、労働者はその3シリングをもって生活資料を購入して消費するわけで、……自ら生産した綿糸2斤を直ちに生活資料として買い戻すわけではない。しかし生活資料を生産する資本家は、労働者にこの3シリングに対して6時間の労働生産物を販売することになるであろう。もしこの資本家がこれに対して5時間の労働生産物しか渡さなかったとすれば、まず第一に労働者はその生活を維持し、労働力を再び商品として販売するのに支障を来たすことになる。労働者はその労働力を3シリングで売ってはいられないであろう。また第二にはその資本家は、他の資本家に対して、……紡績資本家以上の利益を得るわけであって、紡績資本家も二斤の綿糸を3シリングで買って紡績業を継続している理由はない。他により有利な事業がありながら、紡績業を続けるということは、資本家としては意味のないことである。もちろん、実際には直ちに他の事業に転ずるということはないが……少なくとも新しく資本を投ずるもの、より有利なる事業を選ぶものと考えてよいのであって、生活資料の生産をなす資本家、その5時間の生産物を3シリングに売るという有利な取引を続けているわけにはゆかない。かくして労働力も、生活資料も、時と場合によっては種々なる価格をもって販売されるのであるが、繰り返して売買されるためには、繰り返して生産されなければならないわけであって、個々の資本家と労働者との間の交換関係は、他の資本家を通してであるが、一般社会的には生活資料の生産に必要な労働時間によって規制されざるをえないのである」。

このように、宇野は価値法則を経済原則的な根拠を持ち、かつ資本・賃労働の搾取関係と一体をなすものとして証明したのである(4)。

C. 価値法則の体系—人口法則と生産価格

宇野は､その「経済原論」の第三篇「分配論」第一章「利潤」で「利潤率均等化の法則」を説き、「生産論」で基礎づけた価値法則が「生産価格」の形態を通して具体的に貫く様を明らかにしている。資本主義は価値法則を「無政府的生産」を通して実現するしかないのであって、価値法則の展開を明らかにする場合も、「価格の運動によって訂正されたもの」としてそれを考察しなければならない。そうした価格こそ「生産価格」なのである。したがって、「価値法則がそういう価格の運動を支配していること」と同時に「そういう価格運動を通して価値法則が貫徹していること」が一体的に解かれなければならない、というのである。ここで、宇野は「価値と生産価格」の問題を、両者の量的比較の問題に矮小化しないよう、次元的に区別しているのである(5)。

まず前者の論点から議論を進めよう。「資本の自由な競争」がなされるところでは、生産物の価値の本質的なあり方、すなわち $\{c + (v + m)\}$ は、資本家よって「費用価格 $\{(c + v) + m\}$ というかたちでいわば観念的に転倒されて現れることになる。費用価格 $\{((c + v) + m)\}$ とは、価値の本質的なあり方 $\{(c + (v + m))\}$ を観念的に転倒したものなのである。こうして費用価格の観念が成立すると、資本家はより多くの利潤を求め競争することになり、その過程で資本構成の高い産業から資本構成の低い産業へと移動する。そちらのほうが､剰余価値が大きいためである。だが、それは後者の部門産業で過剰生産と商品価格の下落を生むと同時に、前者の産業で過少生産と商品価格の上昇をもたらすことになる。結局、多くの産部門にわたり利潤率が均等化するまでこの価格運動は止まらないのである。資本は、各種の生産物の生産に「社会的総労働の均衡をえた配分」をなすが、それを可能ならしめているのが労働力の商品化である。資本間の関係で見れば、資本の「有機的構成の高い資本」より、比較的に労働者を余計に使う「構成の低い産業の資本」のほうが生産される剰余価値は多い。そこで、資本は、当然、剰余価値の多い産業を選び、少ない方を避けるので、さまざまな社会的需要を満たすためには、資本構成の高い産業の生産物価格はその価値よりも高く（過少生産)、構成の低い産業の生産物価格は価値より低く（過剰生産）ならざるをえない。いわば、後者で生産された剰余価値の一部分が、前者に譲渡されるわけである。

問題の利潤率は、結局、①剰余価値率、②資本の構成（＝不変資本と可変資本の比率)、および③資本の回転期間、という3要因によって決定される。このうち、①は資本家間の競争で均等化される傾向にあり一律化するが、②は当然ながら各生産部門で種々異ならざるをえない。また、③も可変流動資本の回転によって技術的に規定されるので、②と同じく各生産部門によって種々異なることになる。こうして、資本はより高い利潤率を求めてある生産部門から別の生産部門へと移動せざるをえないのであり、それが利潤率の均等化を帰結させるのである。その結果､資本はその生産物を費用価格に（全資本に対する)「平均利潤」を加えたいわゆる生産価格で、すなわち「価値と乖離した価格」で販売することになる(6)。ここでは、もはや価格の運動は価値法則によって直接規制されていない。しかも、費用価格を構成する生産手段や労働力の価値を決定する生活資料そのものも、その価格は価値から乖離した生産価格によって売買されているのであって、生産価格は「簡単な関係」で「価値から乖離したもの」とはいえなくなっている。だが他面、このことは資本家と労働者の基本的関係に何らの変化を齎すものではない。こうして、宇野は次のように後者の論点に移っている。生産価格は、資本が全体として労働者から得た剰余価値を個々の資本の間に平等に配分するために生じる、いわば個々の資本家間の関係が生む価格形態にすぎず、価値以上の生産価格を実現する資本は価値以下の生産価格を実現する資本から「その剰余価値の一部分」を分与されて、「同額の資本に同額の利潤を得る」ことになる。またそれと同時に、利潤率は「一般的利潤率」として全資本に一様なものとなる、というのである。価値法則は「資本の生産物の価値の生産価格化」によって、はじめてその実現機構を確立し、全面的に貫徹するのである。すなわち、種々なる生産物がその個々の生産に要する労働時間を前提にし、それに基づきそれぞれの量において生産されるということが、資本家の最大利潤追求の動き（＝資本の無政府的生産）を通して客観的に実現されるのである。もちろん、個々の資本はその生産過程で価値を形成・増殖しているが、それをそのまま自己のものとはできず、生産価格をもってそれを均等に分配することになるのである(7)。

こうして、資本は各種の生産物の生産に「社会的総労働の均衡をえた配分」をなすが、それを可能ならしめているのが、労働力の商品化と労働市場での労働者の移動である。それこそが、生産価格をその背後で規制するいわば資本主義の「基本的原理」をなしているのである。

労働力に商品形態が与えられると、「労働者の個人的消費過程」は「労働力の生産・再生産過程」という外観を強制されるが、これは「仮象」にすぎず、実は労働力は他の一般商品のような商品ではなく、ましてや資本が直接生産できるようなものでもない。労働力は「人間の人格」に一体化しているいわば「人間に内在している心身の諸力」であり、人間と切り離せる「物」ではない。それゆえ、これを商品化するのはむずかしく、資本はわざわざ相対的過剰人口（＝「産業予備軍」）の形成と吸引という回り道をつくってこれを確保するのである。宇野は、資本の蓄積過程をいわゆる「資本の有機的構成」が不変な蓄積（＝いわゆる好況期に対応）と有機的構成が高度化される蓄積（いわゆる不況期に対応）に分け、このという二つの蓄積タイプが前期には労働力を吸収し、後期には排出するといったかたちで交互に入れ替わるような景気サイクルの全体を通して、資本は辛うじてこの労働力を確保できるとし、これを資本主義に特有の「人口法則」と呼んだのである。すなわち、資本主義に特有な「人口法則」が形成されなければ、資本主義は一歴史社会として存立しえる根拠を与えられないことになる。

産業予備軍の形成・吸収の機構を資本主義の「人口法則」として整理したのに伴い、労働力の価値規定をも資本の論理だけで説けることになった。労働力商品の価値規定に際しては、マルクスも、リカードの「労働の自然価格」論を見習い、「歴史的・精神的な要素」を与件としたが、資本はそうした経済外的諸要素をも資本蓄積過程のなかで自ら決定する関係にあるとする。労働力の再生産に必要な生活資料の内には、妻子の教育や休養日等も含まれるが、それも「歴史的・文化的」にいわば外的に規定されるというより、資本の蓄積過程自身によって決められる、というのである。

このように、この人口法則が価値法則の成立に背後から確固たる基礎を与えていることにより価値法則は資本主義にあっては「永久に運動するかの如く」説かれることになるのである。この宇野の論法は宇野理論の「悪循環」として頻繁に批判される箇所であるが、それはまったく誤謬である。こういう方法は、経済学に特有なものといってよい。一般的にも、「法則を否定するものを法則のなかから説くことはできない」のであり、ましてや自立的な運動体たる資本主義の内部構造を明らかにするときは、「前提」が「結果」に依って「措定」されるという関係が明らかにされる必要があり、価値法則の運動も資本が労働力商品化の矛盾を現実的に解決しつつ（蓄積過程、より具体的には恐慌）、資本主義が「あたかも永久的に発展するかのような」次元で解明される以外にないのである。これは、自立的な運動体の運動法則を論証するためには不可欠な方法であって、自立的な運動体であるということは資本が自分自身の存立条件を自分でつくりだすということと同義なのである。ここに原理論が「体系」をなす所以があり、またそうした体系がいわゆる「弁証法的な展開」」となる所以があるのである。

以上、宇野価値論の特徴は、三段構えの価値法則の論証構造にある。宇野は、価値法則をまずは①労働力の商品化を基礎におき「資本の生産過程」で論証し、ついで②「資本主義的生産の総過程」でそれが利潤率の均等化を通して生産価格という「回り道」を通して実現されることを解明し、最後に③「資本の蓄積過程」で産業予備軍の形成・吸引メカニズムを「資本主義に特有な人口法則」として整理し、資本主義はこの特殊な労働力商品を自ら確保できることを明確にし、それでもって労働力の商品化に基礎を置いた価値規定を最終的に担保したのである。このことは、宇野が晩年「資本論の経済学」のなかでこの人口法則を価値法則と利潤率均等化法則と並べ、「資本論」の「三大法則」として珍しくやや自慢気に述べていることにも窺える。宇野は、見事にマルクスの方法論の神髄を継承し、文字通り「資本論」を資本主義の運動法則たる価値法則を体系的に解明した経済学原理論として完成させたのである[(8)]。

【注】

(1) 宇野弘蔵の価値論に関する見解については、「経済原論上・下（1950・52 年）」、「経済原論（全書版、1964 年）」、「資本論の経済学（新書版）」（いずれも岩波書店）、「経済学方法論」（東大出版会、1962 年）、「価値論の研究（東大出版会、1952 年）等を参照。

(2) アダム・スミスの有名な「狩猟民族の間での鹿と海狸」の交換が、これを示す好例である。そこでは「一等の海里を殺すのに、二頭の鹿を殺すだけの労働が通例必要であるとするならば、一頭の海里は、当然二頭の鹿と交換されるであろう。その生産に通例二日の、またの二時間の労働を要する物は、その生産に通例一日の、または一時間の労働を要する物の二倍の値をもつことは当然である」（「国富論 1 」岩波文庫、2000 年）。もちろん、これはいずれの狩猟者の相手方の狩猟ないし生産状況を知っているということ（＝完全情報）が前提になる。

(3) 価値法則の経済原則的な根拠に鋭く着眼した著作として、降旗節雄「資本論体系の研究」(青木書店、1965 年)のなかの「特別剰余価値について」を参照。

(4) 宇野は、価値法則を資本主義の生産過程でしか十分には論証できないものとする。その論証の要は、上述したように、資本家と労働者の間での労働力の特有な「交換関係」にある。労働者が紡績資本家の下で必要労働時間分の賃金を受け取ったとして、もしそれで生活資料を生産する資本家から彼の一日分の生活資料を購入できなければ、労働力の再生産は可能でなくなるし、また一部の資本家がこの価値と労働時間の「対応比」を崩して利益を得ることは、資本家間の競争を考えれば許されないことだというのである。宇野は、こうして商品をその生産に要する労働時間で規定するのであるが、宇野学派の中からも、この価値と労働時間がリンクする関係は「生活資料を生産する資本家」と労働者との間ではともかく、「生産手段を生産する資本家」と労働者との間でも一般的にいえるのか。またリンケージは必要労働部分でのみいえることで剰余労働部分では厳格に対応していないのではないかといった疑問も提出されている。機械等の生産手段を生産する資本家と労働者の間でもはたしてそうしたリンクは成立するのか、さらには買い戻す生活資料自身が「価値」ではなく「価格（＝生産価格)」になっているのであって、そこに既に価値と価格の乖離がある以上、両者のリニアーな関係は一概にいえないのではいかといった批判もある。因みに、永谷清は「価値論の新地平」（有斐閣、1974 年）で、宇野の価値法則の論証方法を検討し、宇野学派の内部から出ているこうした批判をいずれも一知半解によるものとして斥けている。

(5) この次元論争には二つある。一つは、ソ連マルクス主義の出鱈目な価値論の定式化に端を発するものである。これは、「価値法則は商品生産の法則、資本主義社会は剰余価値の法則」、「現代資本主義の基本的経済法則は最大限利潤である」といったスターリン論文に代表される。宇野はとこうした見解とそれに追随した日本のマルクス主義経済学に真正面から対決することになった。労働力を商品として買い入れて、それを生産過程で使用価値として実現すれば必ず剰余価値が得られるが、それは価値法則の作用によってそうなるのであって、それとは別に「剰余価値の法則」があるわけではない。スターリン論文は、「法則という言葉の誤用」にすぎないと厳しく批判したのである。それゆえ、宇野理論は多くの論者から「謬説」として激しく批判されたが、宇野は四面楚歌のなかでそれらに反批判を繰り返すなかで、自分の価値論を益々鋭利に研ぎ澄ましていったのである。

もう一つは、いわゆる「転形論争」の問題である。ボルトキビッチ（Ladislaus von Bortkiewicz）は、価値次元で再生産表式を作成し、次にその価値を生産価格に転化させるとき、マルクスの方法では再生産の均衡が崩れることにならないかという問題意識からこの問題に取り組み、マルクスが不十分なまま残した価値次元での費用価格を取り上げ、それの生産価格化を解き、代数式を使って均衡の回復を図ろうとしたのである。彼は、「価値の生産価格への転化」の問題を一般的に採用されている三部門分割（生産手段生産部門、奢侈財（＝金）生産部門、消費手段生産部門）を前提とする価値から生産価格への転化の「数学的方程式の解法」の問題に置き換えることになった。すなわち、p^1,p^2,p^3 ないし x,y,z をそれぞれの価値に対する生産価格の倍数ないし部門別乖離率に見立て、r を一般的利潤率と置くことで、これら四つの未知数に対し、三つの方程式を立て、三部門の「価値計算」での費用価格を生産価格に転化してこの問題を数学問題化したのである。この解を得るには、未知数を一つ減らすか、新たな方程式を一つ加えなければならないが、ボルトキビッチはマルクスの「総価値＝総価格」の式を用い、また金の価値 1 単位を価格 1 単位として（＝ニュメレール）これを解いた（方程式五つ、未知数四つ）。P.M スウィージはボルトキビッチの解法のなかの「総価値＝総価格」という条件は不要と指摘しつつ、彼の試みを評価した。費用価格の生産価格化に端を発したいわゆる「転形論争」は、その後 R. ミークや F. シートンらの欧米のマルクス学者の参加もあり盛況を迎えた。論争の大筋はマルクスの二命題（＝「総価値＝総価格」、「総剰余価値＝総利潤」）やニュメレールの要請を「同時に」満たす条件を探る方向で議論は進んだ。これを宇野理論の立場で整理した著作に桜井毅「生産価格の理論」(東大出版会、1968 年) がある。桜井は、ボルトキビッチらの生産価格で再生産表式の均衡を作り直そうという考え方自身、両者を直接比較する誤りと価値形態認識の欠如から成り立っているものとし、価値と生産価格の次元を明確に区分すべきことを主張している。いわば価値と生産価格の乖離は当然であるのであって、価値が生産価格化したからといって再生産均衡を書き直す必要はない。この点、「転形論争」は誤った発想の下で開始された、また本来異質的であるもの強引に同質的なものへと還元した「悪しき議論」だというのである。

(6) 資本は、その生産過程の相違によって、その費用価格の構成を異にするのであって、必ずしも同額の資本が同額の価値・剰余価値を生産することにはならない。例えば、資本の構成が違えば、同じく 100 の費用価値を投じ、剰余価値率が同じく 100% であったとしても、価値・剰余価値はその大きさを異にすることになる。資本は、競争次元では剰余価値率ではなく利潤率を投資基準とするようになるのであって、当然利潤率の低い産業（資本構成が高い）から高い産業（資本構成が低い）へと移動することになる。資本家間の利潤をめぐるこうした競争の結果、結局同額の資本に対して、その利潤を均等にする価格、すなわち費用価格にその全資本対する「平均利潤」を加えた生産価格が価値に代わり、市場価格の運動の中心となり、生産を社会的に規制することになるのである。「価値の生産価格への転化」は、資本が商品の社会的生産量を決定するために必要とする「回り道」なのである。

ところが、この「回り道」の論理は、第三巻を纏めたエンゲルスによる平均概念の乱用もあり、ベーム・バベルクから厳しい批判を受けた。エンゲルスは価値法則は「ただ全体を通じて、平均としてのみ作用する」ことを強調し、「価値と価格の乖離は相殺され、両者は一致する」としたが、資本構成が一様化でもされないかぎり、個々の価値は価格に収束せず、価格の背後で価値がそれを規制している関係も明確にはならない。資本構成の高い資本や低い資本で商品価値が「固定」した状態にあり容易に変動しないかぎり、もしくは価値と価格のいずれか一方が他方に収束しないかぎり、個々の商品を取り上げるかぎり、両者は乖離せざるをえないのであって、エンゲルスの指摘は平均概念の濫用でしかない。生産価格は宇野本人さえマルクスから引き摺っている「費用価格プラス平均利潤」ではなく、「費用価格プラス資本額（＝費用価格）×一般的利潤率」で定義されるべきである。また、両者の「乖離」を当然視するほうが「回り道」の論理からしても筋が通っている。

(7) マルクスは、「総価値」＝「総生産価格」と命題と「総剰余価値＝「総利潤」という命題のいわゆる総計2命題を提示し、価値からの生産価格の乖離に限度があることを指摘しているが、前者の命題は、金の「標準的」生産条件が前提にされる必要があるため、「総計一致」命題としては不適切であろう。この点、後者の命題のほうが制限枠として有効であると考えられる。生産価格は、「生産方法の変化」によって商品の生産に要する労働時間が変化する場合にも、直ちにそれは「価格の変動」」としては現れず、「剰余価値の利潤としての分配」による「歪曲」を受けつつその変動の影響をあらわすのである。

(8) 宇野原論は一個の自己完結した体系を成している。したがって、それを部分的に修正したり、改良したりして、利用するのは無理であり、ナンセンスといわざるをえない。宇野原理論の基本骨格(＝労働力の商品化の「南無阿弥陀仏」)は、経済原則を根拠にして価値法則を展開している点で比類なきロバストネスを持っている。もちろん、宇野の論証が完璧というわけではない。価値法則についても、その論証方法や生産価格の展開にはまだ補正の余地は有ろう。だが、宇野原理論の資本主義認識を超越するものが今後現れるとは思えないのである。

後編

宇野理論とパレート最適

第三章

ローザンヌ学派の純粋経済学
― 一般均衡の理論 ―

A. ワルラスの純粋経済学

限界革命の三大巨星の一人であるレオン・ワルラス[(1)]の著した「純粋経済学要論」は新古典派経済学の源泉として、また一般均衡理論を導いた数理経済学の古典としていまも高く評価されている。そこでワルラスは競争的市場における価格を（貨幣なき）交換において問題にするのであるが、その発想は、数理経済学の先駆者A. クールノー[(2)]の考え方に多大な影響を受けていた。

A. クールノーの為替市場論は、ワルラスの方程式体系の形成に多大なヒントを与えた。クールノーは為替市場で経済の相互依存関係を考察するが、そこで為替の方程式を導く際、①貴金属の運送費用の問題を捨象し、②各国は貴金属（金銀）本位を採っているが各国間に貨幣の現送はなく、各国への貴金属自体の分配には変更は起こらないと仮定する。すると、各国間の交易にあって為替市場では各国の通貨の交換比率（＝為替相場）は自由に変動しうることになる。「為替市場に登場する国の数を r とすれば、為替相場の数は $r(r-1)$ 個だけ考えられるが、当該国と他国の間で裁定取引が自由であれば、決定すべき為替相場の数は $(r-1)$ 個だけということになる。だが、これを決定する方程式の数は、各国間で貨幣の現送がないので、各国が他のすべての国に負う負債の合計額が他のすべての国がその国に持つ債権額の合計額に等しいという条件式が付け加えられ、全部で r 個となる。これに対し未知数は $(r-1)$ 個なので、方程式の解が得られることになる。だが、それらはすべて独立というわけではなく、任意の一つは他のすべてを合計することによって得られる関係にある。この為替相場論に、ワルラス法則の原型を読み取ることができるのである。財の数が r 個であるとき、決定すべき価格の数は $(r-1)$ 個となるが、それぞれの財の需要と供給の均等条件の方程式の数は r 個となるからである。またワルラスの場合これとは別に、すべての財に対する需要の総額はすべての財の供給の総額に等しくなるという方程式が加えられるわけである。

A. クールノーは、需要法則を「与えられた経験的事実」から展開する。こうした経験論的な方法は、「需要の弾力性」の概念の発見に見られるように、経済理論の数理統計化を可能にし、後世の経済学者に多大な影響を与えることになった[(3)]。A. クールノーの為替理論や経験論に基づく数理経済学がワルラスの純粋経済学の構想に多大な影響を及ぼしたことは予想に難くない。だが他面、ワルラスの時代になると、ジェボンズらの心理学派や新カント派などによる主意的経済学の台頭もあり、A. クールノーのような素朴な経験論はもはや簡単には受け入れられなくなっていた。A. クールノーの手法は、商品の価値の決定には主観的な評価が不可欠とするジェボンズらの厳しい批判に晒されていたのである。一例を挙げれば、彼が計量できない主観的要因として捨象した「需要家の商品へ嗜好」(＝当該商品の効用、用益の性質、満足度の度合い）についても、需要法則の展開において考慮せざるをえない状況になっていた。要するに、ワルラスはクールノーとジェボンズの総合を目指さざるをえない状況に置かれていたのである。

したがって、ワルラスの偉大さは単に限界効用理論の発見者というところにあるのではなく、数理経済学に惹かれ、経済学に一般均衡理論という新たな概念を導き入れたところにある。あらゆる経済現象は複雑な「因果関係」にあり、そればかりを追跡すると原因と結果が循環する一種の「循環論法」に陥りかねない。例えば、賃金所得の低下 → 需要の低迷 → 企業の売上高の低下 → 賃金所得の低下 → 需要の一層の低迷、といった具合に、である。それまでの経済学では、原因と結果はリニアな「一方通行」の関係にあるとされ、相互が原因となり結果となるようなスパイラルな関係は認められなかった。ワルラスの功績は、こうした「循環論」の罠から抜け出し、「相互連関」、すなわち一つの経済現象は同時に他のすべての経済現象に依存していることを明らかにした点にある。経済現象全体を共時的に切断することを以て、この悩ましい循環論法から抜け出したのである。一つの商品の価格が決まるときにも、そこには原材料費以外の多くの要因が働いている。代替財や補完財の有無、またその価格なども価格の決定に影響しているのである。ワルラスの功績は、このような価格の相互依存関係を始めて数学的に定式化したところにあるのである。

ワルラスは主著「純粋経済学要論」（久武雅夫訳、岩波書店）の「第一篇　経済学と社会経済学の目的および区分」で、経済学方法論を次のように説明している。まず「商品の価値」について、例えば小麦には単位数量当たり（ヘクトリットル）24フランの価値があるというのは、買い手や売り手の意思や両者の「意思の合致」から生まれるというより、市場で発見できる「自然的事実」である。彼は、交換価値を「効用」と「稀少性」に依存した交換当事者の「意思」に左右されない、いわば「自然現象」であると見做し、交換価値の理論から主観的な要素を除去するのである。これは純粋経済学を「自然科学」（＝純粋力学）と同等の学問と見做しているところから来る発想である。交換価値の大小は、交換で得られる効用の程度及び量によるが、それが「自然現象」であるかぎり、交換の理論はあくまでも「数学的に展開できるもの」なので、そこでは「合理的な方法」が重視されるべきだというのである。

ワルラスは、こうして価値論から主観的要素を除去したが、産業の分析はこれとは異なるという。産業は、「物の目的を人格の目的に従属せしめることを目的とする、人格と物との相対の関係」であり、その生産は、社会的富を増加させると同時に、資源を人間に役立つものに変形する、いわば二重の目的を追求する「人間的事実」であり、それはもはや「自然的事実」ではない。社会的富の生産の理論は、分業を基礎とする産業組織の理論でもあって、「応用経済学」の問題になる。さらに、社会的富の所有をめぐる問題は、その形態が正義の問題を生む、いわば「道徳科学の問題」になる。所有権は、社会の人々の間における社会的富の分配に関係しており、その起源を「人間の意思と行動」におく「人格と人格との関係」でもある。したがって、そこでは「道徳的事実」が問題にならざるをえないのである。以上、三つの経済学を現代経済学の用語でいえば、「純粋経済学」は市場機構に関する「ポジティブ・サイエンス」、それに対し「応用経済学」と「社会経済学」は最適資源配分や最適所得配分に関する「ノーマティブ・サイエンス（＝規範科学）」ということになろう。ワルラスは、純粋経済学では自由競争が人々の欲望の最大満足を達成すること、すなわちレッセ・フェール、レッセ・パッセ（＝自由放任原則）が人々の欲望の最大化を導くことを認めているが、その「応用経済学」への適用には「慎重を要する」とし（＝公共財の生産など）、「社会経済学」への適用に至っては不適切なことさえあると指摘している（＝所得格差の拡大等の正義の問題の介在）。

ワルラスは、こうして純粋経済学を「物理学における純粋力学」に見立て、それと他の経済学の関係を「純粋力学と応用力学の関係」にアナロジーしている。純粋経済学で抽象された理念や推論は、それが一旦科学として成立したら、再びそれを応用して現実に帰さなければならない。彼は、純粋経済学、応用経済学、社会経済学の三部からなる経済学を、「社会的な富」をそれぞれ交換価値、産業、および所有権の観点から研究する分野であると定義し、位置づけている[(4)]。

B. ワルラスの方程式体系

ワルラスの経済学体系のうち以下では純粋経済学のみを取り上げる。ワルラスは「純粋経済学要論」の「第二篇　二商品の間の交換の理論」で、二商品の交換における価格の決定、均衡解の存在に言及しつつ、市場機構が均衡解をもたらすことを証明しようとしている。そこでは商品量は所与で、2 商品は貨幣抜きに直接交換されることが前提されている。順次、検討しよう。

交換の一般均衡では、需要関数・供給関数が個別の経済主体の合理的行動から導かれること、またそれらの関数の持つ性質が考察され、交換当事者が対峙する市場で「競争均衡」が成立することが明らかにされる。ワルラスはまず二人二財（小麦・燕麦）からなる交換経済 (exchange economy) を想定し、財交換の市場取引は仲買人のセリ（auction）によってなされると仮定する。この経済モデルはワルラス体系の基本をなすので、やや詳細に説明しておこう。二人がそれぞれ自分の財を所有して市場に登場する以上、二人は需要者であると同時に供給者でもあることになる。市場で、競売人（auctioneer）が交換の進行役として二財の価格がいくらであるかを交換者にアナウンスすると、彼らはその価格の下で自分の利益（効用ないし利潤）を最大化するような需要量と供給量を決定し、それを競売人に通知することになる。競売人は通知された二人の個別的財の需要量と供給量を集計して、その財に対する市場需要量と市場供給量を求める。ここでもし、市場需要量と市場供給量が等しくなければ、競売人は先のアナウンス価格を取り消し、両者が一致するまで価格修正を繰り返すことになる。両者が一致する状態を市場均衡（market equilibrium）といい、そのとき成立する価格を均衡価格という[(5)]。

いま二つの商品A, Bがあり、前回の交換の「引け値」からAのm単位に対しBのn単位が交換されていたことがわかるとする。すると、この場合の交換方程式は、$mv_a = nv_b$ということになる（ただし、ここでv_a、v_bははそれぞれAとBの一単位の交換価値である)。この交換価値の相対比を一般に「価格」と呼び、Aで表したBの価格をp_b、Bで表したAの価格をp_aとすれば、上の方程式から$v_b / v_a = p_b = m/n = \mu$ないし$v_a/v_b = p_a = n/m = 1/\mu$が得られ、さらに$p_b = 1/p_a$, $p_a = 1/p_b$が得られる。すなわち、価格（＝交換価値の相対比）は交換量の「反比」に等しく、各商品の価格は互いに「逆数」の関係をなすのである。この二つの価格の「恒久的な逆数関係」という命題は、交換の事実における最も重要な事柄であり、代数記号はこれを簡明な式で表現できるというメリットを持っている。

ついで、ワルラスは、価格は有効需要との間でのみ直接の「媒介なしの」関係を持つと考え「有効需要曲線」の考察に入る。小麦の所有者を想定し、彼と燕麦所有者との間の交換を問題にするのである。ここで小麦所有者は自らの消費のためにある量の小麦を保留しつつ、それ以外の小麦を自分の馬を養うための燕麦と交換しようと考えている。このとき、彼が保留する小麦量と燕麦を得るために燕麦所有者に提供する小麦供給量は、燕麦の価格とその価格で彼が需要する燕麦量に依存する。そして、ここで彼が交換に供する小麦量と販売収入は、彼が需要する燕麦の量とその価格（＝購入額）に常に等しいことになる。この関係を代数記号で示せば次のようになる。商品B（上例では小麦）の q_b 量の所有者 (1) が市場に現れ、この商品のある量 o_b を供給して彼が需要する商品A（上例では燕麦）のある量 d_a と交換するとすれば、方程式 $d_a v_a = o_b v_b$ により、彼はAの d_a 量とBの $y = q_b - o_b = q_b - d_a (v_a / v_b)$ 量を所持して交換市場から帰っていくことになる。いかなる場合にも、量 q_b と交換価値比率 (v_a / v_b) の間には、言い換えれば p_a, d_a および y の間には $q_b = y + d_a p_a$ の関係があることになる。

次いで、ワルラスは、価格と需要の関係を図表で解説する。座標軸の横軸 Op を価格軸、縦軸 Od を需要軸とし、横軸の上に原点 O からの長さ Op'_a, Op''_a, Op''_a,…を小麦で表した燕麦の価格に等しくとる。また、縦軸の上に同じ原点から長さ $Oa_{d,1}$ をゼロの価格において小麦 (= B) の所有者が需要する燕麦 (= A) の量に等しくとる。そして、点 p_a, p'_a, p''_a,…から引いた需要軸

図 3-1-1　ワルラスの需要曲線

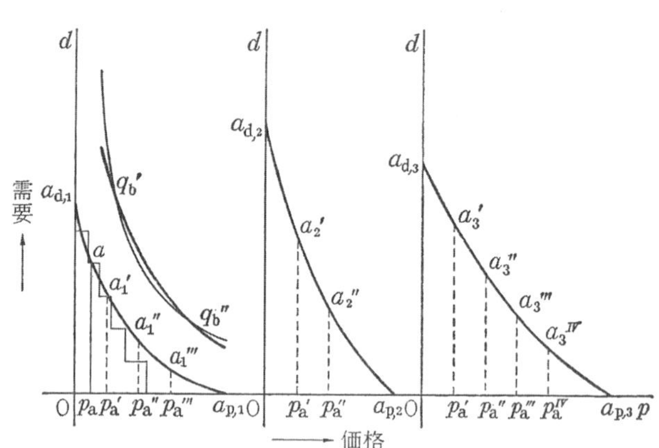

への平行線の上に、それぞれ価格 $p_a, p'_a, p''_a, \cdots$ で需要されるであろう燕麦 (= A) の量に等しく、長さ $p'_a a'_1, p''_a a''_1 \cdots$ をとる。ここで、長さ $Oa_{d,1}$ は小麦 (= B) の所有者がもはや燕麦 (= A) を需要しないときの価格を表すことになる（図 3-1-1)。

ここで、小麦の所有者の値付けの性向は、幾何学的には点 a'_1, $a''_1, \cdots, a_{p,1}$ を通る曲線 $a_{d,1}\,a_{p,1}$ により、代数的にはこの曲線の方程式 $d_a = f_{a,1}(p_a)$ によって表現されることになる。これらは「経験」から得られるものであり、燕麦所有者 (2) についても、また同じような値付けの性向を確認できる。ワルラスは、これを個人の部分的需要曲線と見做し、同じ横座標上にあるすべての縦座標を加えることで、すなわち個人的需要曲線 $a_{d,1}$ $a_{p,1}$, $a_{d,2}\,a_{p,2}$, $a_{d,3}\,a_{p,3} \cdots$ を合計することによって（水平に合計をとる)、そこから全部方程式 $D_a = f_{a1}(p_a) + f_{a2}(p_a)\ f_{a3}(p_a) + \cdots$

図 3-1-2　ワルラスの需要曲線

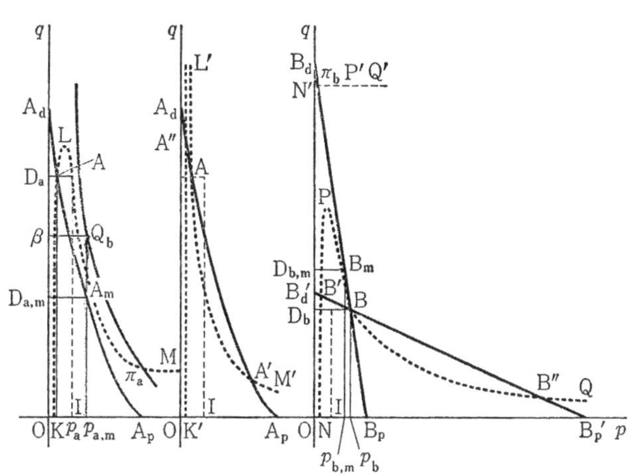

$= F_a\ (p_a)$ を導き、それを需要曲線と呼ぶのである。もちろん、この個人的曲線は、「大数の法則」により「連続的」なものとなる。

図 3-1-2 の左端の曲線 $A_d\ A_p$ は、A の有効需要量を A の価格の関数として与えるものである。例えば、点 A_m の横座標 $Op_{a,m}$ で表される価格 $p_{a,m}$ に対して、有効需要量は同じ点 A_m の縦座標 $OD_{a,m}$ で表される $D_{a,m}$ である。そして、B に対する A の有効需要も、その価格が $p_{a,m}$ であるときに $D_{a,m}$ であるとすれば、このこと自身により、A に対する B の「有効供給」も $O_{b,m} = D_{a,m}\ p_{a,m}$ となるのである（これは長方形 $OD_{a,m}\ A_m\ p_{a,m}$ の面積によって表される）。このように需要曲線 $A_d\ A_p$ は A の需要と B の供給とを同時に B で表した A の価格の関数として与えるものであり、同様に曲線 $B_d\ B_p$ は B の需要と A の供給を同時に A で表した B の価格の関数として表していることになる。

こうして、商品 A, B について、有効需要と他の商品で表したその価格との間に存在する直接的な関係の性質を知り、その関係の数学的表現を知りうるのである。例えば商品 A についていえば、この関係は幾何学的には曲線 $A_d\ A_p$ により、また代数的には $D_a = F_a\ (p_a)$ によって表現できるのである。このほかにも、ここでは他の商品と交換に供される一つの商品の有効供給と後者で表した前者の価格との間に存在する間接的関係の性質を知りえたのであり、商品 A についていえば、この関係は幾何学的には曲線 $B_d\ B_p$ で包まれた一連の長方形により、また代数的には、商品 A は $O_a = D_b\ p_b = F_b\ (p_b)\ p_b$ によって、また商品 B は $O_b = D_a\ p_a = F_a\ (p_a)\ p_a$ によって表される。この二つの方程式から各商品の有効供給と他の商品で表したこの商品との関係を表す方程式を導き出すこともできる。上述した $p_a p_b = 1$ という関係を用い、価格 p_a と p_b を相互置き換えれば、$O_a = F_b (1/p_a) \cdot 1/p_a$ および $O_b = F_a (1/p_b) \cdot 1/p_b$ の式を得、「二商品の相互の交換の一般的問題」を「数学的に解く」ことができる。代数的には $F_a (p_a) = F_b (p_b) p_b$（もしくは $F_a (p_a) p_a = F_b (p_b)$）と $p_a p_b = 1$ という二つの方程式から二つの根 p_a, p_b を求める問題になるのである。

ワルラスは、「第八章　効用曲線または欲望曲線。商品の最大効用の定理」で、交換の事実の性質についての研究は、この事実の原因の研究を可能にするとし、部分的需要曲線に立ち戻り、まずそれが需要の軸を離れる点 $a_{d,1}$（図 3-1-1）を決定する事情について考察する。彼は所有者が交換対象の価格がゼロであるときに有効に需要するこの量を「外延効用」と呼び、これは計測可能な量であると見る。もう一つは曲線の勾配に関わるもので、彼はそれを「強度効用」と定義し、商品のある消費量によってその外延と強度において充足された欲望の総和」を「有効効用」と呼び、有効効用を効用関数の方程式 $\{ u = \phi_{a,1} (q), u = \phi_{b,1} (q) \}$ の積分で求め、また商品の消費量によって充足される最終の欲望の強度を「稀少性」と名付け、稀少性をその導関数 $\{ \phi'_{a,1} (q), \phi'_{b,1} (q) \}$ によって求めている(6)。そして、「一般に、市場において二商品が与えられているとき、欲望満足の最大すなわち有効効用の最大は、各所有者にとり充足された最後の各満足の比、すなわち稀少性の比が価格に等しくなったときに実現する。この均等が達せられないかぎり、交換者は稀少性がその価格と他方の商品の稀少性との積より小さい部分を売り、稀少性がその価格と上記の商品の稀少性との積より大きい商品を買うのが有利である」として、所有者の「限界効用均等の法則」を定式化するのである。ワルラスは、商品の交換価値の「源泉」を商品の「稀少性」に、すなわちその商品の消費により満たされる最終の欲望の強度（＝「限界効用」の大きさ）に求めたのである。また、同時にその反面で、有効供給曲線を明らかにし、両曲線から「幾何学的解」と「代数的解」を求めることで、「有効需要・供給の法則すなわち均衡価格の成立法則」を発見することができたのである。

ワルラスはこのように交換理論の基礎を限界効用原理におき、交換の理論を展開したが、これは彼の方程式体系の第一歩にすぎず、彼の真骨頂はこれに続く「一般均衡理論」の展開にあった。「要論」は、「交換の一般均衡」、「生産の一般均衡」、「資本化および信用の一般均衡」、そして「貨幣及び流通の一般均衡」というかたちで「純粋経済学の四大問題」を順次解明していく。彼は、二人二財の交換をベースに、三人三財、多人数による多数財の交換へとモデルを拡張していく。商品の価格は需要と供給の均衡点で決まることが、多数の財が同時に交換されながら各財の価格が相互作用のなかで決まっていくメカニズムを通して、多元連立方程式で解かれるのである。

価格 $p_a = 1/\mu$, $p_b = \mu$ における、商品 A および B の有効需要と有効供給をそれぞれ $D_a, D_{a'}, D_{b'}, D_b$ とすれば、これらの需給量と価格との間には一つの「重要な関係」があることがわかる。p_a の価格で商品 A に D_a の需要があるということは、それにより、商品 B には $D_a\,p_a$ に等しい O_b 量が供給されているということである。すなわち、$D_a\,p_a$ と O_b の間には $O_b = D_a\,p_a$ という関係が成立している。また同様に、商品 A が p_a の価格で O_a

量が供給されるということは、それにより商品Bが、$O_a p_a$ に等しい D_b 量が需要されるということでもある。それゆえ、D_b, O_a, p_a の間には $D_b = O_a p_a$ という方程式が成立する。また、これと対照的に、O_a と D_a についても、$O_a = D_b p_b$, $D_a = O_b p_b$ の関係が成立する。いわば、ある一商品の有効需要または有効供給は、反対給付される商品の有効供給または有効需要とその商品価格との積に等しい。ここでは需要量が「主」であり、そこから決定されるものが「従の供給量」であると考えられているが、それは物々交換では需要の存在が「基本的な事実」であり、供給はそれがなくては需要もありえないという意味でいわば「付随的な事実」にすぎないと位置づけられているからである。

ワルラスは、「二商品間の交換の問題の解法」で、商品A、Bの有効需要と価格の関係を次のように説明している。いま、

図 3-2　ワルラスの全部需要曲線

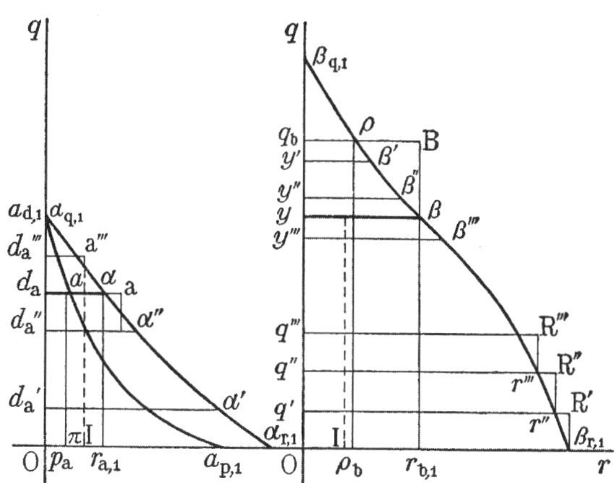

それらが、方程式 $D_a = F(p_a)$, $D_b = F(p_b)$ によって表されるとすると、均衡価格は $D_a v_a = D_b v_b$ によって、すなわち、$F_a(p_a) v_a = F_b(p_b) v_b$ によって得られる。それはさらに p_a を求めるか p_b を求めるかによって、$F_a(p_a) = F_b(1/p_a)\cdot(1/p_a)$ という式か、または $F_b(1/p_a)\cdot(1/p_a) = F_a(p_b)$ という式に変形できる。この二式の前の式は $D_a = O_a$ を、また後の式は $O_b = D_b$ を表している。この二つの方程式を、前者については二つの曲線 $D_a = F(p_a)$, $O_b = F_b(1/p_a)\cdot(1/p_a)$ の交点によって、後者については二つの曲線 $O_b = F_a(1/p_b)\cdot(1/p_b)$, $D_b = F_b(p_b)$ の交点によって解けば、この交換の均衡点が明らかになる。

ワルラスはこれを所有者（1）が財 A の価格がゼロであるときに有効に需要する財 A の量（長さ $a_{d,1}$）と見（図 3-2)、この需要量は「一般に何によって決定されるのであろうか」と需要量の決定因を探っている。そして、それは、商品の効用の一種である「外延効用（＝この財が欲望を充足する範囲と数量)」と「強度効用（この財に依って満足される欲望が強いか弱いか、もしくは緊急であるか否か)」によって、要するに「この財を獲得するために払う犠牲の程度」によって決まるというのである。加えて、A 財の需要曲線の勾配に影響を及ぼす他の事情に、所有者（1）の手中にある財 B の量 q_b の存在がある。こうした分析を進めるのは、強度効用が計量不可能性を有するため、「不可能のように見える」が、別々の種類の財の異なる単位数にも「共通な欲望の強度」の存在を仮定すれば、この 3 者（外延効用、強度効用、所有量）が価格及ぼす影響を正確かつ数学的に説明できる。そこで、縦軸 *Oq*、横軸 *Or* を引き、縦軸に原点 *O* から順次に長さ *Oq', q'q'', q''q'''*…をとり、それをもって所有者

(1) がもし財Bを所有するとすれば、一定の時間内に彼が順次消費していく財Bの単位数を表すことになる。こうして、ワルラスはある消費量によってその外延と強度を充足された欲望の総和を「有効効用」と呼び、図3-2の曲線$\boldsymbol{\beta}$をこの個人の有効効用を財Bの消費量の関数を表す曲線と定義する。したがって、長さ$\boldsymbol{Oq_b}$によって表される消費量$\boldsymbol{b}$に対する有効需要は面積$\boldsymbol{Oq_b\rho\beta_{r,1}}$である。そして、商品の消費量によって充足される最終欲望の強度を稀少性と名付けるなら、$\boldsymbol{\beta_{r,1}}$から$\boldsymbol{\beta_{q,1}}$に至るこの曲線は同じ個人について財Bの消費量の関数として、稀少性の曲線を示すことになる。稀少性は､長さ$\boldsymbol{q_b\rho = O\rho_b}$によって表わされる$\boldsymbol{\rho_b}$である。こうして、解析的に、有効効用は消費量の関数として与えられ、稀少性はその導関数によって、同じく消費量の関数として与えられる。またもし稀少性が消費量の関数として方程式で与えられれば、有効効用は$\boldsymbol{O}$から$\boldsymbol{q}$までの定積分によって与えられることになる[(7)]。

ついで、ワルラスは、「多数商品の間で行われる交換の理論」へと分析を進め、交換モデルを3人(A,B,C)が3財を交換するケース（1交換者1財、3者3財ケース）へと拡張する。そこでは、商品Aの所有者はその一部を自分で消費し、一部をBと、他の一部をCと交換し、また商品Bや商品Cの所有者も同様に行動するものと仮定する。ここで商品Bの所有者に注目し、彼によるAへの有効需要を$\boldsymbol{D_{a,b}}$、商品Bで表したAの価格を$\boldsymbol{P_{a,b}}$、商品Aになされる$\boldsymbol{B}$の供給量を$\boldsymbol{O_{b,a}}$としよう。こうした状況下でBの所有者に着目しよう。すると、彼が所有するBの一部をもって交換するAの需要量$\boldsymbol{(D_{a,b})}$にBで表したAの価格を乗じたものが、Aに対してなされるBの供給量$\boldsymbol{(O_{b,a})}$

ということになる $(D_{a,b}P_{a,b}=O_{b,a})$。これはBがCの所有者を交換相手にした時も同様である。したがって、Bの所有者は、Aの $D_{a,b}$ 量とCの $D_{c,b}$ 量を得るとともに、Bの y 量を手元に残すことになる。厳密にいうと、Bの所有者は元々Bを q_b 量所有していたが、交換方程式 $D_{a,b}v_a=o_{b,a}v_b$ に従ってその一定量をAの一定量と交換し、またこの商品の他の一定量を交換方程式 $D_{c,b}v_c=o_{b,c}v_b$ に従いCの一定量 $d_{c,b}$ と交換するのである。したがって、この交換で彼に残るBの y 量は、$y=q_b-o_{b,a}-o_{b,c}=q_b-D_{a,b}P_{a,b}-D_{c,b}P_{c,b}$ ということになる。だがここでは、所有者BのA財への需要はその価格 $p_{a,b}$ だけでなく、C財の価格 $p_{c,b}$ にも依存している。よって、この時の需要関数は、$D_{a,b}=f_{a,b}(p_{a,b},p_{c,b})$, $D_{c,b}=f_{c,b}(p_{a,b},p_{c,b})$ ということになる。この個別需要関数を社会的に合計すると、次の二つの総需要方程式を得る。

$$D_{a,b}=F_{a,b}(p_{a,b},p_{c,b}),\ D_{c,b}=F_{c,b}(p_{a,b},p_{c,b})$$

こうした値付けの性向を表す二つの総需要方程式は、商品Bだけではなく、商品AやCの所有者についてもいえる。結局、3人で六つの総需要方程式を得るわけだが、そのほかにも6個の交換方程式（＝需給均衡方程式）が得られる。Bの所有者のAまたはCに対する二つの交換方程式 $(D_{b,a}=O_{b,a},D_{b,c}=O_{b,c})$ は、CのAまたはBに対する関係やAのBまたはCに対する関係でも成り立つからである。結局、三商品の交換では、商品相互間の価格6個と交換総量6個の、合計して12個の未知数の間に、12個の方程式が成立することになる。このロジックは、多財交換にも適用でき、市場に m 種の商品がある場合には、これまでの推論によって、先ずAによる他財の有効需要の方程式が $(m-1)$ 個 $D_{b,a}=F_{b,a}(p_{b,a},p_{c,a},\cdots)$、それが $D_{c,a}$, $D_{d,a}$ といった具合にAから順に数えて *m* 個あるので、全部で *m (m−1)* 個の方程式が得られる。他方、交換方程式の方も、例えば三財の場合には、$D_{b,a} = D_{a,b}\, p_{a,b}$, $D_{b,c} = D_{c,b}\, p_{c,b}$ といった具合に二つの交換方程式が得られることから演繹できるように同じく *(m−1)* 個立てることができ、それが合計 *m* 財あるので、やはり *m (m−1)* 個あり、有効需要の方程式と合わせると全部で *2m (m−1)* 個から成る方程式体系を獲得できることになる。これに対し、未知数の数も価格 *m (m-1)* 個、交換量 *m (m-1)* 個でちょうど計 *2m (m−1)* 個なので、多数商品の間の交換は解けるようにみえる。そして、これは *1* 人― *m* 財モデルを *n* 人― *m* 財モデルに拡大しても変わらない。方程式と未知数の数が *nm + mm -1* 個となるだけである。この場合、価格は価値尺度財で表示されているので、裁定の余地はなく、価値尺度財の価格は *1* に等しく、同時にその需要供給は相等しいことになる。

ワルラスは、二商品間の相対価格が、任意の「第三の商品」（＝ニュメレール）で表したそれぞれの商品の価格比に等しくなければ均衡は実現しないと考えている。そうでないと、鞘取引や「裁定の余地」が生じてしまうと考えているのである。彼は、市場を二商品ずつ交換される「部分的市場」（ここでは互いに逆数である価格で交換が行われる）に分割しても、その「特別市場」で各商品所有者がいずれも自分にもっとも有利になると思われる方法で交換を行えば、均衡はそれなりに維持されることを確認している。

ここまでは、需要が積極的要因をなし、供給は消極的要因にとどまっていた。商品の交換市場では、それが既に存在していることが前提されるため、生産の問題が顕示的には現れないからである。また、交換を媒介する貨幣の問題も捨象されている。それゆえ、価格体系は任意の財を「価値の基準(=ニュメレール)」に選んで表示されている。

ついで、ワルラスは、第四編「生産の理論」で生産の一般均衡に言及する。ワルラスは n 種類の生産用益を用いて m 種類の生産物を生産する場合の生産均衡の問題を、次の四つの方程式群を用いて解いている。その「生産方程式」体系は、①各用益の供給がすべての価格に依存することを示す用益に関する供給方程式 {= n 個}、②各生産物の総需要が、すべての価格に依存することを示す生産物の需要方程式 {= m 個}、ここではニュメレールであるA財が他者に依存していることを示す方程式も導かれる。③「製造係数（=固定生産係数に相当）」を用いて各生産用益の量が有効供給された量に等しいことを示す方程式 {= n 個}、④生産物の販売価格が「生産用益からなる生産費」に等しいことを示す方程式 {= m 個} から成り、生産方程式群は合計で $2(m+n)$ 個の方程式を与えてくれる。ただし、そのうち一つは独立ではなく他から導出されるので、そこで生産の方程式は、方程式の数が $2(m+n)-1$ 個となる。これに対し、未知数の数は用益供給量 n 個、用益価格 n 個、生産物需要 m、そして生産物価格 $(m-1)$ 個であり、やはり合計 $2(m+n)-1$ 個となる。最後の生産物価格が $(m\text{-}1)$ 個となる理由は、固定生産係数に用益価格を乗じたものの総計が 1 になると仮定されているため $(a_t p_t + a_p p_p + a_k p_k, \cdots = 1)$、その式を価格式から控除しなければならないからである。生産均衡にあっては、生産物価格と用益価格の総計（=要素費用）が等しくなると考えられているため、「正常な状態」では企業家の利得は零とされる。「交換の均衡」では需給関係が均衡に向かう「動力」となったが､「生産の均衡」では「限界生産力」の理論が企業家による用益の需要と生産物の供給を牽引する「動力」となるのである。

ワルラスは、第五編「資本形成および信用の理論」で資本を収益を生むものと定義し、それを土地資本、人的資本、動産資本（＝狭義の資本）の三つに分けている。そのうえで、資本の価格と資本用益の価格を区別し､純収入（＝ $\boldsymbol{\pi}$）と純収入率（＝ $\boldsymbol{i}$）との間には $\boldsymbol{\pi = p - (\mu + \nu) P, i = (p - (\mu + \nu) P)/P}$ の関係があるとする。ただし、ここで $\boldsymbol{P}$：資本の価格、$\boldsymbol{p}$：資本用益の価格（＝粗収入)、$\boldsymbol{\mu}$：償却率)、$\boldsymbol{\nu}$：保険料率（＝保険料の資本価格比率）である。均衡状態では純収入率はいずれの資本についても同一になるので、$\boldsymbol{i}$ さえ決定できれば、上の純収入率の式から得られる $\boldsymbol{P = p/(i + \mu + \nu)}$ の式ですべての土地資本、人的資本、動産価格の価格を決定できることになる。

第四の者、すなわち企業家はそれらを生産要素の市場で購入し、労働の用益（労働者)、土地の用益（地主)、動産資本（＝耐久的な稀少財）の用益（資本家）を結合することで「生産」を行い、その生産物を「生産用益の市場」と「生産物市場」で販売することになる。すなわち、企業家は生産物を販売して得た貨幣で生産用益を購入し、労働者、地主、資本家は生産用益を販売して得た貨幣で生産物を買うという関係を想定するのである。すると、資本化の均衡を示す方程式は、次の四の組に纏めることができる。①販売価格と生産費の均等を示す方程式—計 $\boldsymbol{l}$ 個)、狭義の資本も生産物であり、その価格は生産費の法則の支配を受ける。狭義の資本が $\boldsymbol{l}$ 種類であると、生産用益の方は $\boldsymbol{n}$ 種類なので 1 種類の狭義の資本の製造に（$\boldsymbol{n + l}$）個の製造係数（$k_t \cdots k_p; k_k, k'_k, k''_k, \cdots$）がかかわり、狭義の資本1種類ごとに価格と生産費が等しいことを示すl個の方程式が得られる$(P_k, P_{k'}, P_{k''}, \cdots)$。②純収入率の均等を示す方程式が$l$個存在する。これらの狭義の資本の価格はそれぞれの純収入（π_k）を均等な純収入率（i）で除した商に等しい$(P_k = \pi_k / i, P_{k'} = \pi_{k'} / i, P_{k''} = \pi_{k''} / i, \cdots)$。③社会的貯蓄関数が1個存在する。ワルラスは、貯蓄を永久的に純収入をもたらす商品Eの購入と想定し、その単位当たりの価格を価値尺度財1単位が永久年金のかたちで純収入として得られるときの価値尺度財表示の資本価格であるとする。すると商品Eの1単位の価格Peは$pe=1/i$で、また貯蓄額Eは$E = D_e p_e = F(p_t, \cdots p_p, p_k, p_{k'}, p_{k''} \cdots p_b, p_c, p_d \cdots, i)$という関数で表されることになる。ここで$i$：永久的な純収入率、$D_e$：純収入への個人需要の和、$p_t, \cdots, p_k, p_{k'}, \cdots, p_b, p_c, p_d, \cdots$：資本用益価格および生産物価格である。④新資本の供給と貯蓄との均等を示す方程式が1個。貯蓄（＝投資）は新資本の供給（＝投資）と均等でなければならないので、$D_k, D_{k'}, D_{k''} \cdots$で新資本の供給量を、$p_k, p_{k'}, p_{k''} \cdots$でその資本財の価格を表現すれば、$D_k p_k + D_{k'} p_{k'} + \cdots = E$が成立しているはずである。これら四つの方程式群で方程式の数と未知数の数を確かめると、方程式の数は計（$2l + 2$）個であり、これに対し未知数の数も狭義の資本の生産量l個、資本の価格l個、貯蓄額1個、そして純収入率1個の計（$2l+2$）で、両者は一致する。こうしたことは「理念的な状態」で起こるが、自由競争の下では「自然にそれに向かうところの正常な状態」でもある。もし、生産物価格＞用益価格ならば、利益が生じるため新規参入が起こり、生産量の増加がもたらされるため価格は下落し、生産物価格は結局用益価格に収斂する。また、逆の場合にも生産量の減少による価格の上昇から、生産物価格はやはり用益価格に収斂する。

ワルラスは、第六編「流通および貨幣の理論」では貨幣を正面から取り上げるが、彼の貨幣論は、「要論」の版を重ねるごとにフィッシャー流の貨幣数量説に近いものから徐々にいわゆる「現金残高論」へと変化していった。彼は、貨幣を消費者や生産者の手中で在庫品（＝保蔵）の形態にある「流動資本」のなかの「特定の形態」＝「手持ち在庫品」の一つ）として捉えるのであるが、その是非はともかく、貨幣の価格と価値尺度財表示の価格、および貨幣の貯蔵用益の価格をそれぞれ区別する非常に複雑な貨幣論になっている。消費者の手中にある流通貨幣、生産者の手中にある流通貨幣と貯蓄貨幣の三つから構成される「所望の現金残高」は、それぞれの貯蔵用益に対する需要を持つ。例えば、「資本家などの消費者たち」は、「所望の現金残高」に対する需要を決定するに際し、貨幣が与える貯蔵用益の「稀少性（＝限界費用）」を他財の稀少性と均等化することで、「欲望の最大満足」の実現を図るようになる。こうして決まる所望の現金が貨幣の現存量より大きいか小さいかで、貨幣の貯蔵の用益価格は変動することになる。この貨幣は「貨幣資本が貸借される用益市場の一部にすぎない資本市場」で需要され、供給される。そうなると、これまでの土地資本・人的資本・流動資本の固定的生産資本のほかに、新たに n 種の生産用益と s 種の原料を用いて m 種の商品が生産されているとすると、流動資本（＝在庫）は s 種の原料在庫と m 個の消費財製品在庫、および保有貨幣（U）から成ることになり、それらはそれぞれに貯蔵用益を持つことになる。ワルラスは、ここでも律儀に「流動資本と貨幣の均衡のための方程式」の数を数え ***(=3m + 2s + 3)***、それが「未知数の数」に等しいことを確認している。貨幣は単なる価値基準（＝ニュメレール）ではなく、その価値も他の商品と同じく限界効用理論によって説明されるべきものとされ、そのうえで相対的価格理論と貨幣理論の統合が図られているのである。こうして、彼は貨幣を含めたすべての市場で需要と供給が同時に均衡し、一切の調整（＝裁定）過程が消滅することを証明しようとしたのである。

こうして、ワルラスは独自に稀少性（＝限界効用）の概念を基礎に「社会的富」に関する純粋経済学を樹立した。彼にとって純粋経済学とは自由競争を前提にした交換制度の下における商品の価格決定理論を意味していた。ワルラスは、「相互依存関係」にある経済諸量の同時均衡を、連立方程式の解を求める問題として解き、経済学に一般均衡論という新たな理論的地平を切開した。交換、生産、資本化、および流通の問題は、未知数に等しい数の方程式を立てることができるかぎり「一義的に解決可能」であり、市場の価格変動メカニズムと経済主体が効用ないし利潤の最大化を求めて行動している「事実」を考慮すると、まさに数理経済学こそ純粋経済学が進むべき王道であると考えたのである。また彼は、「均衡問題」に対して数学的解（幾何学・代数学）と同時に経験的解を併記している。そうすることで、「一般均衡の解の存在」を方程式の数と未知数の対応だけで捉える方法の危うさを回避していたといえよう。それだけでは解が有意の数とならず、非在やマイナス値になる可能性もあるのである。

C. エッジワースとパレートの価値論

V. パレートは、「科学においてワルラスの名は不朽」であると評し、ワルラスの一般均衡理論の構想を受け継いだ。だが、この時期、限界効用説は「測定問題」の壁に突き当たり、最早命運が尽きると思われていた。まさにそのとき、「限界代替率」の概念を以てこの危機を救ったのが、パレートであった。彼は、基数的な効用概念に見切りをつけ、単一のモノの絶対的な限界効用（の大きさ）を測定することはできないが、二つの財を交換する際の「交換比率」によって相対的な価値を測定することはできるとし、改めて序数的な効用理論を展開した。単純に限界効用説を継承せず、序数的効用理論の立場からそれを継承したのである。

ところで、「基数的効用理論から序数的効用理論へ」という認識の一大転換で大きな役割を果たしたのが、F.Y. エッジワースの「数学的心理学 Mathematical Psychics」であった。彼は、経済学を「数学的科学」としての「交換学 Catallactics」であるとし、ジェボンズの２者２財交換モデルを「無差別曲線」と「契約曲線」という新たな概念を導入することで説明しようとした[(8)]。いま、二人の交換当事者 X, Y がいて、それぞれが財 A と財 B を持ち、各財を (x, y) ずつ交換する場合の二者の効用を二財の交換量で表すとしよう。ここで X にとっての効用を P と置くと、彼の効用関数は、$P = F(x, y)$、Y にとっての効用を Π と置くと、彼の効用関数 $\Pi = \phi(x, y)$ で表現できる。エッジワースは同等（＝無差別）な効用をもたらすこの (x, y) の軌跡を「無差別曲線」と呼び、それに垂直な線を「選好線」と呼んでいる。二つの無差別曲線が接し、かつそれに垂直な線（＝選好線）が反対方向にあるとき交換が行われるが、そのための必要条件は、

$$\{dP/dx\}/\{d\Pi/dx\}-\{dP/dy\}/\{d\Pi/dy\}=0\rightarrow$$
$$\{dP/dx\}\{d\Pi/dy\}=\{dP/dy\}\{d\Pi/dx\}$$

となる。この式は二つの無差別曲線の接線の傾きが等しいことを示している。両曲線が接するポイントはいくつもあり、無差別曲線のそうした接点の軌跡が「契約曲線」と定義された。これは、他方の交換者 Y (or X) の効用 ***Π (or P)*** が一定の時には、当事者 X (or Y) の効用 ***P (or Π)*** が最大になるような「均衡点」となる。この契約曲線上ではもはや相手の効用水準を下げないと自分の効用水準を上げることはできない。お互いが相手の効用水準を与件として自分の効用水準を最大化するのであって、契約曲線上の点は契約可能な点であるが、そこで実現されるのは効用の「相対的な最大化」ということになる。しかし、契約曲線上のどこで交換が行われるかは、そう簡単にはいえない。エッジワースは、それを「契約の確定性」に関わる問題と見ている。競争のないところでの契約は不確実かつ不確定であるが、「完全競争を伴う契約」は完全に確定的になる、というのである。

エッジワースは、これを、ロビンソン・クルーソーとフライディとの取引―ロビンソンが賃金 ***x*** を支払い、フライディが労働 ***y*** を提供する、という―で説明している（図 3-3)。図 3-3 で、X_0 , X_1 , X_2 の曲線はロビンソンにとっての無差別曲線を示し、

図 3-3　エッジワースの無差別曲線と契約曲線

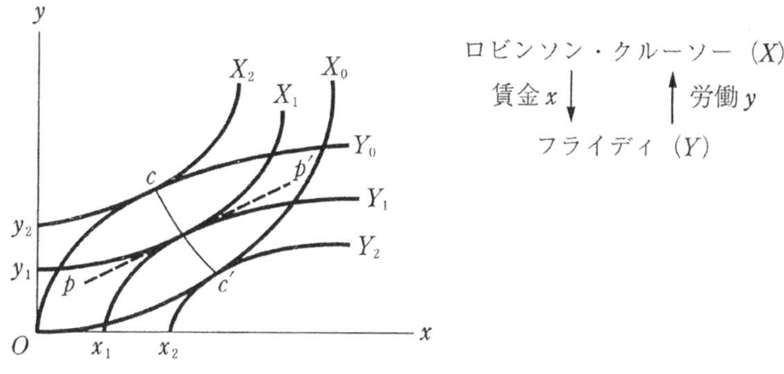

それぞれロビンソンにとって、ゼロ効用水準、第一位、第二位、第三位、……の効用水準を示す。これに対し、フライディの無差別曲線は Y_0, Y_1, Y_2 で示されており、それぞれフライディにとってのゼロ効用水準、第一位、第二位、第三位、……の効用水準を表している。したがって、例えば、X_0 上の (x, y) は、ロビンソンにとって、労働をしてもらうというプラスと賃金を支払うというマイナスが相殺し合う効用水準が、労働もしてもらわなければ賃金も支払わない場合と同じになる組を指しており、X_1 上の (x, y) は、ロビンソンが賃金を支払わないでフライディに労働 y_1 をしてもらうときに得るのと同じ効用水準になる (x, y) の組（＝無差別曲線）を指すことになる。ここで、ロビンソンの効用は無差別曲線 X_0, X_1, X_2 と左上へ移動するにつれてと増大していく。また、その無差別曲線は下に向かって凸となる。

他方、Y_0 上の (x, y) は、フライディにとって賃金を受け取る効用のプラスと労働を行う効用のマイナスが相殺し合う効用水準が「賃金なし・労働なし」と同じになる効用水準であり、Y_1

上の (x, y) は賃金 x_1 をもらって、労働をしないのと同じ効用水準にある (x, y) の組を指している。フライディの無差別曲線はロビンソンとは逆に上に向かって凸になる。そして、この二人の無差別曲線の接点の軌跡 cc' が「契約曲線」であり、pp' が共通接線ということになる。契約曲線 cc' 以外での取引は、ロビンソンとフライディのいずれか一方が契約をしない場合より効用水準が悪化するので、両者のいずれかが契約を拒否することになる。こうして、エッジワースの契約曲線の概念は、契約者の「快楽の力」は相互に「敵対的である」という認識と相まってパレートの均衡分析に大きな影響を与えた。この図でいえば、そうした相反関係は、ロビンソンは左上（西北）に行くほど、フライディは反対方向の右下（南東）に行くほど効用が大きくなることで表現されている。

また、エッジワースは、完全競争市場であれば、交換当事者が異なる無差別曲線をもつ場合には、「二つの無差別曲線の共通接線は原点からのベクトルになるという重要な結果」を発見している。契約曲線上の二つの無差別曲線の共通接線が原点を通るとき均衡が達成され、その共通接線の勾配が交換比率を、また接点 (x, y) の大きさが二人の交換者の均衡交換量を示すことになる、というのである。共通接線が原点からのベクトルになるとき、その傾きが2財の交換比率を示し、接点の (x, y) が二人の交換者の均衡交換量を示すことになるわけである。

エッジワースのこうした無差別曲線の理論を序数的な効用概念で補強し、ワルラスの命題にミクロ経済学的基礎を与えたのが、V. パレートである。パレートは、無差別曲線の概念を継承する際、効用の可測性と基数的性格という従来の効用理論の前提を極力排除しようとしている。ワルラスの場合にも、「効用可測性」の問題は「理論的な仮説」の色彩が濃く、これに基づき演繹された理論が経験的事実としての価格関係に妥当すると思われる場合にのみ是認されたが、パレートはそうした前提を仮説としても必要ないのではないかと考えた。パレートは、いわゆる「選択の理論 Theory of Choice」を樹立し、限界効用説と主観主義的な形而上学との悪しき連携を断ち、ワルラスの一般均衡論を純化しようとしたのである。

ワルラスが交換を「事実」として扱ったように、パレートは無差別曲線を「事実によって与えられたもの」と捉え、一般均衡理論に必要なものすべてを効用理論に言及することなく、無差別曲線から導くのである。パレート無差別曲線は、例えば、パン 1kg と葡萄酒 1kg の効用水準を基点にして、パンが増えて（減って）いくとき、同等の効用を得るには、葡萄酒をどれだけ減らさ（増やさ）なければならないか、その組を列記した「無差別系列」の作成を意味している。もちろん、パン 1.1kg と葡萄酒 1.1kg というより好まれ高い指標をもつ序列の組にも、同様の「無差別系列」があることになる。効用水準を基点にする場合はこの関係はどうなるかといった具合に、***X, Y*** 上に無数の無差別曲線群を描くことができる。そうすると、すべての 2 財の組 ***(x, y)*** は無差別（同一曲線上）か、より好まれる指標を持つか（北東の位置）、それともより好まれぬ指標を持つか（南西の位置）の、いずれかの関係にあることになる。パレートは効用理論を前提とせず、経済均衡を論じている。パレートは効用の測定を排しているので、それぞれの無差別曲線は効用の指標

図 3-4　パレートの無差別曲線　　　　パレートの補完・代替財区別

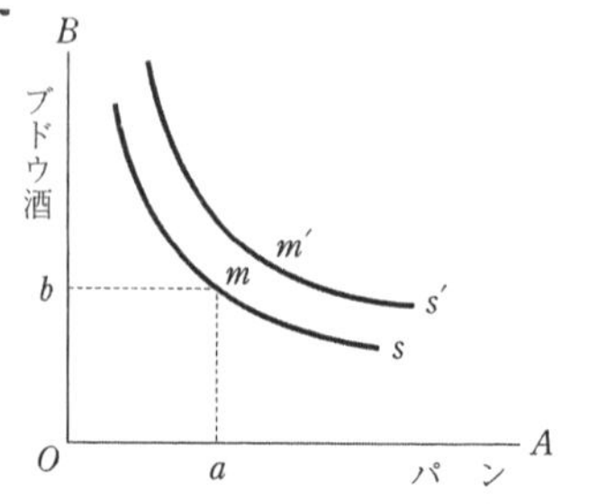

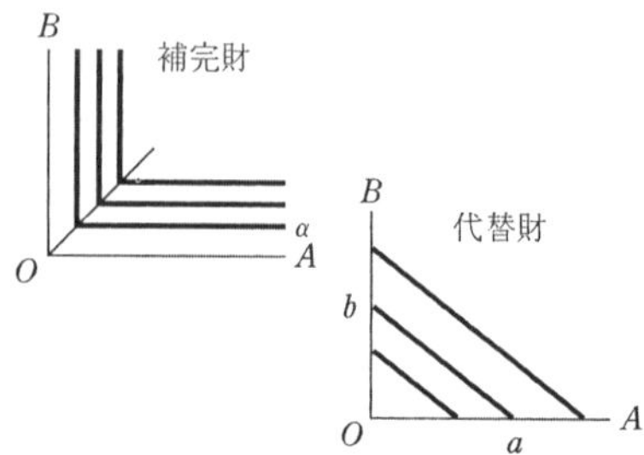

図 3-5　消費者の均衡

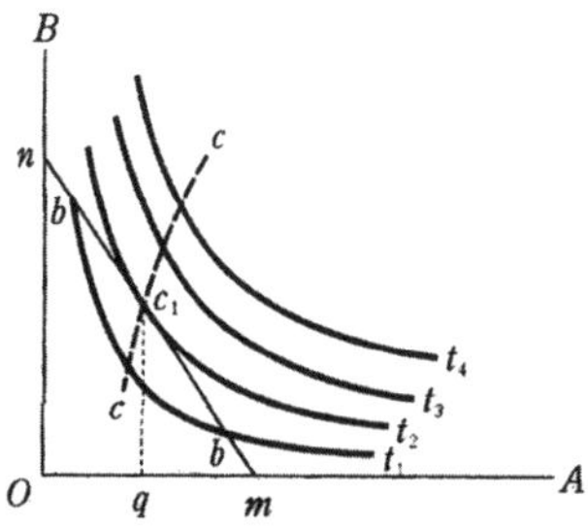

出所：Preto[1906]P.216

で表すしかなく、このような指標の体系こそ「オフェリミテ」(ophelimite. 経済厚生ないし純経済効用の序列）による価値体系として効用の測定に代わるものとなるのである（図 3-4)。また、彼は代替財、補完財の関係にも注目し、完全代替、補完財を例示し、図に描いている。

パレートは、こうして無差別曲線を利用することによって、基数的限界効用に触れることなく、財交換における均衡を論じることになる。彼はそれを「消費者の均衡」と呼び、例えば、A 財の所有者が ***Om*** の財を持って B 財の所有者と交換を行う場合、どのように交換を行うかをいわゆる「交換曲線」をもって示している（図 3-5）。

ここでの A 財と B 財の交換比率は直線 ***mn*** の傾きで与えられる。直線 ***mn*** と無差別曲線 t_1 とが交わる点 ***b*** で交換するより、直線 ***mn*** 上のこれより上位の指標の無差別曲線と交わる点で交換した方が有利であり、それよりもさらに直線 ***mn*** が接点になっている無差別曲線 t_2 上の点 c_1 で交換したほうが有利である。よって、交換比率が直線 ***mn*** の勾配であるならば、消費者は点 c_1 の二財を保有するような交換を行う。交換比率が変化すると、交換者＝消費者の最適選択の軌跡は上図の cc_1 のように描けるが､パレートはこれを交換曲線と呼んでいる。彼は、エッジワースのボックス・ダイアグラムを借用するかたちで財交換における交換曲線（＝消費の均衡点）を導いている。交換比率が変化すると接線の傾きも変り、いくつかの接点を描くことができるが、その軌跡を結ぶことで交換（＝契約）曲線 cc_1 が描けるのである。パレートは、この交換者（＝消費者）の最適選択の軌跡（＝契約曲線）である「交換曲線」をベースに、交換比率が変化した場合の 2 財需要の変化や、交換比率一定で所得が変化する時の 2 財需要の変化を分析していくのである。

また、パレートも、ワルラスと同様、交換比率は消費者均衡だけから決定されるものではないとして、生産者の無差別曲線に工夫を凝らし（＝「障碍無差別曲線」)、「生産者の均衡」を取り上げている。生産者が財 A(＝インプット)を財 B(＝アウトプット）に転換するとき､彼は「A の量で獲得できる B の量」を知っていると仮定する。生産には、①収穫一定の場合、②収穫逓減の場合、そして③収穫逓増の場合、といった具合に三通りある

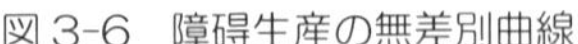
図 3-6　障碍生産の無差別曲線　　　　　生産者の均衡

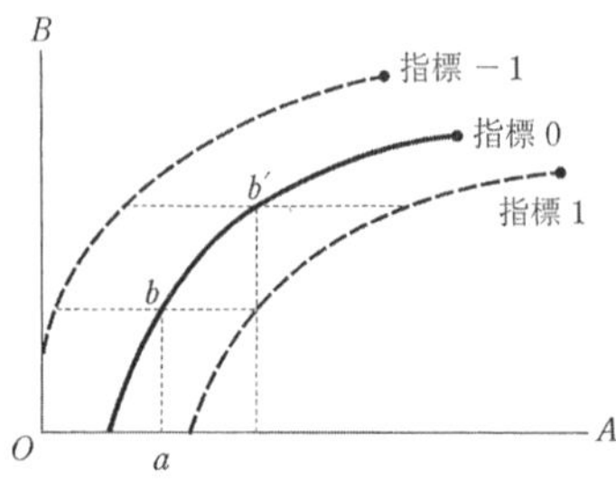

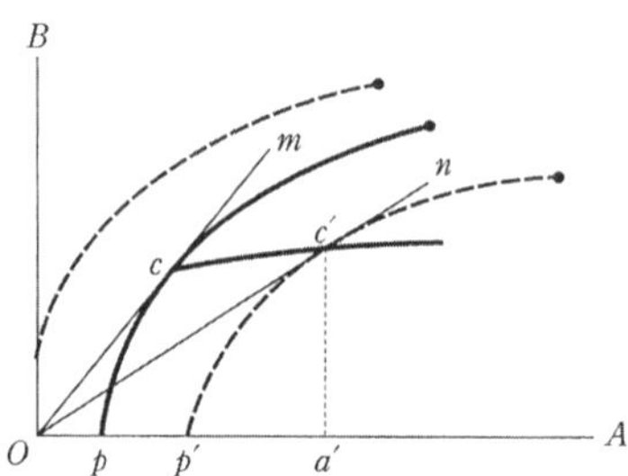

が、収穫逓減の時には図 3-6 の曲線 ***bb′*** のような「無差別曲線」が得られる。

上図の実線は、無差別曲線の勾配が徐々に低くなる収穫逓減時の曲線であり、生産要素を使い切った時の生産転換を意味する指標ゼロの曲線である。図には同じ生産物 B を得ながらも A が 1 単位不足する場合と A が 1 単位余る場合の軌跡が同時に描かれている。これらが、生産者の障碍無差別曲線群を形成するのである。そして、生産者の均衡はこの曲線群の上で利潤を最大化するポイントを繋ぐ契約曲線上にあるということになる。ここでも、生産者は、ある「小道 sentier」(＝交換比率) に沿って利潤の最大化を求める。交換比率が ***Om*** だと、完全競争ではこれに接する指標ゼロの ***c*** 点で生産する時に、交換比率 ***On*** だと、完全競争ではこれに接する指標 1 の点 ***c′*** で生産する時に、それぞれ利潤は最大になる（図 3-6)。それぞれ A を投入した時に、一定の交換比率で得られる B の最大量を表しているからである。これは要素投入量と産出量の「比率」が変化するときの、最大利潤を生み出す B の産出量と A の投入量の内

図 3-7　パレートのボックス・ダイアグラム

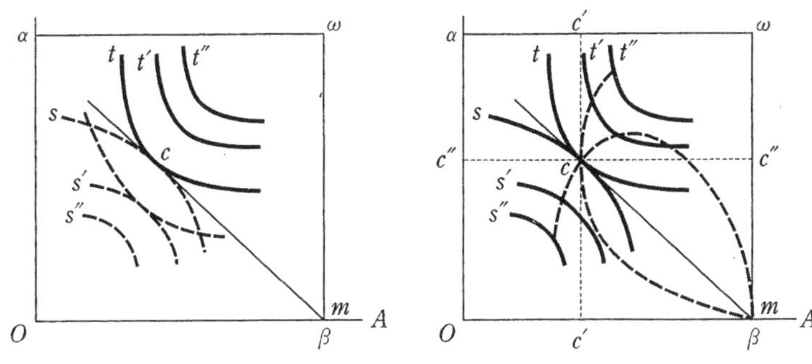

の「余剰量」の組み合わせを描いており、この比率の低下に伴い利潤（＝余剰量）は大きくなる。パレートは、このような接点の軌跡から得られる曲線を「最大利潤曲線」と呼んでいる(9)。

パレートの 2 者 2 財交換モデルは、2 者 2 財、初期保有量一定の下で、交換比率と交換量の決定を説いた「(物々) 交換の均衡」論であり、これを示すパレートの図 3-7 は、のちに「ボックス・ダイアグラム」と呼ばれるようになった。

ここでは、第 1 の人は A 財を ***Om*** だけ所有するが、B 財についてはまったく所有していない。これに対し、第 2 の人は B 財を ***ωm*** だけ所有するが、A 財についてはまったく所有していない。第 1 の人の無差別曲線を ***t, t′, t″,*** …とし、これに対し第 2 の人の無差別曲線を ***s, s′, s″,*** …とする。すると、ここでは両者が接する点 ***c*** が均衡点ということになる。ここで交換比率直線と第 1 の人の無差別曲線 ***t, t′, t″,*** …などとの接点の軌跡から第 1 の人にとっての「交換曲線」を描き、同様に交換比率直線と無差別曲線 ***s, s′, s″,*** …などとの接点の軌跡から第 2 の人にとっての「交換 曲線」を描けば、この二つの交換曲線は「独立」であり、かつ点 ***c*** で「出会う」ことになるので、そこが求める均衡点ということになる。***c*** 点は、両人にとっての均衡点だからである。

この図 3-7 に即していえば、均衡点では以下の関係が成立している。①均衡交換比率：(***mc'/cc'***)、②第 1 の人の A 財の交換量：***c'm***（＝第 2 の人の A 財の交換量：***ωc''***）、③第 2 の人の B 財の交換量：***mc''***（＝第 1 の人の B 財の消費量 ***Oc''***）、④第 1 の人の A 財と B 財の消費量：(***Oc', Oc''***)、⑤第 2 の人の A 財と B 財の消費量：(***ωc', ωc''***)、がそれである。

消費者均衡、生産者均衡について、パレートは均衡が「共同のオフェリミテ最大」をもたらすと論じている。これは、財の配分が「ある個人にとって有利になるならば、必ず他の個人には有害となる」そのような状態であり、配分の変更が「あらゆる個人にとって有利か有害になる」そのような余地しか残されていない状態でもある。彼はそれを最適と呼ぶのである（「パレート最適」)。したがって、この均衡を離れると、必ず一部の人々には好まれるであろうが、他の人々には不快となるような効果が発生してしまうのである。

D. ローザンヌ学派の光芒

競争市場における交換と生産の論理的な帰結は一般均衡の成立とパレート最適の実現であった。ワルラスの一般均衡理論はその後 L. マッケンジー、K. アロー、G. ドブリューらによって厳密に証明され、完全競争下で一般均衡が成立し、同時にパレート最適が実現されることが明確にされた。これは、数理経済学の一つの頂点をなす達成といってよい。ただし、その厳密な証明にはワルラス亡き後に出現するトポロジーなどの数学の新展開、とくにL.ブラウアーや角谷の「不動点定理」の登場を俟たなければければならなかった。「一般均衡の存在」から「均衡解の一意性」、均衡計算、「均衡の安定性」の問題に至るまで、この問題を解決するには多くの時間を要したのである。また、当然のことながら、この重要な結果をどう解釈するかについても、経済学者の見解は割れた。例えば、ハーバード学派は資本主義の現実を一歩でも完全競争の世界に近づけるべきだと考え、いわゆる漸近主義を取り独占・寡占市場の規制と競争政策の推進を主張したし、シカゴ学派は市場均衡を導く要諦は「競争」にこそあると考え、規制緩和と民営化の推進を謳ったのである。

パレート最適の概念は、その後ヒックスによって精錬・彫琢され、ミクロ経済学の中心理論に仕立て上げられていくが、それと同時に理論的な限界を露呈することにもなる。一つはローザンヌ学派における価値論の破綻であり、もう一つは、資源の効率的配分をロジカルに解明したものの経済学の他の重要な課題である所得分配や分配的正義の問題を等閑に付してしまったことである。パレートは所得分布に形状に問題があることに気づいていた。欧州先進国の所得分布を統計的に調べると、凡そ社会全体の8割の富が2割の高額所得者に集中し、残りの2割の富が8割の低所得者に分配されている、というのである。(いわゆるパレートの所得法則)(図3-8)。図の縦軸 ***x*** は所得額を表わし、***G*** が最高額、***J*** が最低額である。また、横軸 ***N(x)*** は世帯数・

図 3-8　パレートの所得分布図

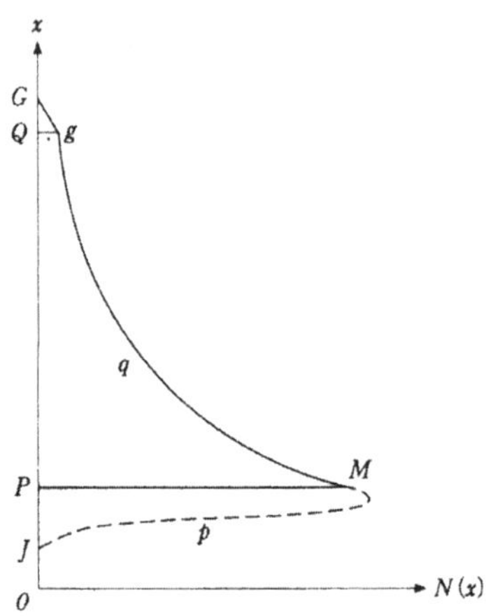

人数である。最低所得層 $(J<x<p)$ は所得税免除。したがって、公表される統計は **Gq M** である。だが、彼自身は経済的不平等(＝初期の資源・所得の配分状況の不公平）や不公平・格差の是非について積極的に言及することはなかった。彼は公平や社会的正義を問題にしたワルラスの応用・社会経済学には一貫して批判的であった。

また、パレートを補完・精緻化したヒックスは、これとは別にローザンヌ学派の限界をその静学的な性格に見、静学の動学化を試みたが失敗に終わっている。経済的事実の背後に隠されている諸要因とその変動の問題が積極的に取り上げられないかぎり動学化には無理があり、結局「一般均衡」とは時間の流れの中の「任意の一瞬間」の問題にすぎなくなってしまったのである。

パレートのワルラス批判は、彼のユニークな科学方法論から来ている。「使用価値、効用、オフェリミテ、オフェリミテ指数などの諸観念は、経済的均衡理論の叙述を容易にするが、この理論を組み立てるのに必要なわけではない。数学を使ったおかげで、その全理論は我々が「付録」において展開したごとく、もはや経験的事実にしか依拠していない。つまり……その個人にとって無差別な諸組合せを構成するような諸財の数量の決定にしか依拠していないのである。かくて、経済学の理論は、数理力学の厳密性を獲得する。それは経験からその諸結果を引き出し、いかなる形而上学をも介入させない。」。この「提要」に新たに添付された一文こそ、選好概念を基礎に新しい経済理論を打ち立てたパレートの「自負を示す文章」であり、ここに価値の「実体概念の放棄」、すなわち経験的観測によってその存在が確認されず、かつ計量できないような諸量の導入の拒否と因果分析に対し一般均衡分析を優先させる彼独特の方法論が提示されているのである。そしてここに至って、パレートはワルラスを「矛盾する二つの見解」を抱えていると公然と批判するようになる。ワルラスは、一方で経済問題の全未知数は経済均衡の全方程式に依存していると述べながら、他方で稀少性が交換価値の原因であるのは確かであるとも述べている。前者は「正しい理論」だが、後者は「現実にそぐわぬ時代遅れの理論の名残り」でしかないというのである。こうした批判の背景には几帳面で冗長なワルラスの理論展開への苛立ちや思想的行き違いもあったと思われるが、経験的観測によってその存在が確認されない、かつ計量もできないような諸量に執着するワルラスが、パレートには耐えられなかったのではないかと推察される。彼は、因果関係分析は「研究が容易」で、「通常の論理で十分」であるのに対し、一般均衡分析の方は「特殊な論理的推論」（＝数学的推論）を必要としているとし、そちらの重要性を強調している。

こうして、パレートは、ワルラスの限界効用理論のなかの基数的な側面を排除し、「限界代替率」（＝無差別曲線）の概念を利用することで、それを序数的効用理論へと純化した。ワルラスが重厚に組み立てた方程式体系で証明せんとした価値理論を消極化し、それを「選択の理論」に組み替えたのである。

彼は、E. マッハの力学理論の影響を受け、ワルラス均衡論から観念論的な色彩 (効用理論へのこだわり) を取り除く必要性を強く感じていた[10]。こうして、パレートは主意的な「効用」概念を価値中立的な「オフェリミテ（厚生)」という用語に置き換え、「限界費用＝価格」の概念をよりスムーズに導出することになった。「効用」概念や「費用」概念を需給分析の要に据えると、そこからベンサムの功利主義やリカードの労働価値説が侵入しかねず、過度にイギリス経済学に依存することになるが、パレートはそうした傾向を嫌ったのである[11]。

しかし、パレートのこうしたワルラスの修正は、それと同時に彼の価値論を価値や価格水準の内実が問えないような空虚な形式概念へと転落させ、価値論の空洞化を招くことにもなった。ワルラスは没価値的な立場に立って、経済学の課題を交換市場における「事実」の自然科学的な解明という点に見出していた。そして、純粋経済学の課題を何らかの目的を追求するようなものとしては認めていなかった。パレートはワルラスをさらに一歩進め、経済学の課題を、経済諸主体は与えられた目的を達成するためいかに合理的な選択をなしうるかというわば純然たる「技術的選択の問題」に転位させてしまったといえよう。そこでは人間の合理的な選択と行動が極限まで追求されるため、経済以外の目的や価値判断を伴うような「社会的問題」は経済理論の埒外に置かれることになる。もちろん、そうした経済人像が「現実の豊かな人間」、すなわち内側に不合理、不条理を抱えながら選択・行動する人間から乖離していることは、パレート自身重々承知していたのである。

パレートは「限界効用」という主意的な価値概念をネグレクトし、理論を「資源配分の効率化」のロジックとして純化したため、所得の不平等や格差の問題を純粋経済学から放逐してしまう結果となった。もし一般均衡論をパレート最適によって基礎づけるというなら、一般均衡価格を導く需要分布やその基底にある所得分配の有り様を検討して然るべきである。パレートは、この問題に気づいていたように思えるが、それは基数的な発想につながり、序数的な発想と矛盾すると考えたのではないか。彼は、先の「パレート法則」の発見を一つの契機に経済学から社会学へと転向し、以後社会学研究に没頭していくのである(12)。

ワルラスは、純粋経済学で相互関連にある経済諸量の同時均衡を連立方程式体系の解を求めるかたちで解いた。パレートは、ワルラスの一般均衡論を継承しつつ、相関的分析の方法をより徹底させた。だが、彼の序数的効用理論は、従来の価値論の対立―主意的・主観的な効用理論と唯物的・客観的な労働価値説―を一見超克するように見えながら、同時に価値論そのものを「形而上学」視し、否定するものでしかなかった(13)。極論すれば、パレートの価値論は、任意の商品についてその価値の大きさを決めている要因が何であるのかを厳しく問わないため、商品間の無差別曲線の形状こそ知りうるが、何がそこでの価格水準を決めているのかを明確に規定できない。相関的分析には実証主義の精神がいかんなく発揮されているが、逆にそうした相互関連的な価格現象がいかなる構造的本質から導かれているのかを追跡できなくなっている。結局、商品の価格水準の決定には「貨幣価値の決定」関し、ワルラスが行ったような悪戦苦闘の「回り道」が不可欠だったのであり、その問題の回避が価値論の放棄を助長したのである。

こうして、ローザンヌ学派の経済学はワルラス・パレートをもって黄金期を迎えるが、同時に一気にその黄昏が迫ることにもなった。元々、それは同時的な均衡状態を扱う静学理論であり、均衡の成立過程や不均衡化の過程を扱うものではなかった。いわば、時間が陰伏された「無時間的な経済学」だったのであり、経済的諸量間の量的関係のみを注視し、その質的側面を軽視する傾向があった。このことは、この学派の数理経済学への思い入れが強すぎることに関連している。

【注】

(1) レオン・ワルラスは1834年、北仏ノルマンディ生まれの経済学者。ジャーナリスト、鉄道書記などさまざまな職を経て、1870年にローザンヌ・アカデミーに新設された経済学講座の教授に任命された。1892年にその講座をパレートに譲って引退するが、その後も活発に著作活動を継続した。1900年の「経済学要論」第四版（岩波書店､1970年）が代表作である。

(2) A. クールノーは、1801年、フランスのグレー生まれの経済学者。パリで数学を学び、数学者ポワソンの推挙で1834年にリヨン大学の数学教授となり、視学官を務めた。1877年に没するまで経済学、数学、哲学に関する数多くの著作を発表した。主著は「富の理論の数学的原理に関する研究」（1838年）であり、そこでは微積分や確率論を経済理論に活用しており､数理経済学の基礎を築いたと評されている。なお､クールノーの経済学については､A. クールノー（中山伊知郎訳）「富の理論の数学的原理に関する研究」、日本経済評論社、1982年を参照のこと。

(3) A. クールノーの業績は独占･寡占価格の分析への道を開き、経済学に初めて微分・積分を適用した点にある。彼は、独占理論について、「限界収入＝限界収入」という、独占の利潤最大化の条件式を導出している。すなわち、その条件は、需給均衡 $D = F(p)$ を前提にすると、純収益 $p\,F(p) - \phi\,(\,D(p)\,)$ を p で微分して、ゼロと置いた

$$D + (\,p - (d\phi / dD)\,) \cdot (dD / dp) = 0$$

という式で得られる。ただし、ここで p は財の市場価格、$F(p)$ は需要関数、D は供給量、$\phi\,(D)$ は生産費である。

また複占価格についても、二人の鉱泉所有者がゲームで得る均衡条件を探り、とくに非協力均衡では後に「ナッシュ解」と呼ばれる均衡解を導いている。複占の場合、需給均等条件は、2企業の需要量をそれぞれ D_1, D_2 とすると、$D_1 + D_2 = F(p)$ で表される。クールノーはついで逆需要関数 $p = f\,(D_1 + D_2\,)$ を考える。すると、第1企業と第2企業の純収益は、それぞれ $f\,(D_1 + D_2\,)\,D_1 - \phi\,(D_1), f\,(D_1 + D_2\,)\,D_2 - \phi\,(D_2\,)$ となり、これをそれぞれ D_1, D_2 で微分すると、$f(D_1 + D_2\,) - D_1 f\,'\,(D_1 +$

$D_2) - \phi'(D_1) = 0, f(D_1+D_2) - D_2 f'(D_1+D_2) - \phi'(D_2) = 0$ が得られる。均衡においては $D_1 = D_2$ となる。したがって、$D_1 + D_2 = D$ と置き、二つの導関数を加えれば、$2f(D) - Df'(D) - 2\phi'(D/2) = 0$ となる。同様に、n 企業からなる寡占の場合には、第 i 企業の供給量 D_i とすれば、その純収益は、$f(\sum D_i) D_i - \phi(D_i), i = 1, 2, \cdots, n$ となる。ここで他企業の供給量 $D_j (i \neq j)$ を不変と見做して、上式を D_i について最大化する条件を探れば、すべての寡占企業の条件を同一としているので、$f(\sum_i D_i)+D_i f'(\sum_i D_i) - \phi'(D_i) = 0, D_1 = D_2 = , \cdots, = D_n$ から $nf(D) + Df'(D) - n\phi'(D/n) = 0$ が成立する。クールノーは、この式をベースに、当該市場に企業が無数存在する完全競争のケースを考察している。需要関数を一次関数とし（$p = f(D) = a- bD$）、限界生産費を一定とし（$\phi'(D/n)= c$）、その上でこれを上式に代入して計算すると、$D = n(a-c)/b(n+1)$ を得、この D に $p = a - bD$ を代入すると、$p = (a + nc)/(n + 1)$ となる。この式の n を無限大にすると、$p = c$ が帰結する。このように、企業数が十分に大きく競争が完全競争に近づく場合、価格 p は限界生産費 ϕ' に等しくなるのである。ただし、彼は、複占均衡を解くとき、自分が供給量を変えても他企業は供給量を変えないと考えている（＝他企業の反応係数は零)。

(4) ワルラスは、交換はすべての当事者に利益をもたらし、効率的な資源配分をもたらすゆえ、交換と競争は社会問題の原因にはならないとし、市場メカニズムの問題点を、それ以外のところに、すなわちそれが労働者の生存を何ら保証するものではないところに求めている。彼によれば、人々の所得と資源配分の分布状況は非常に偏っており、相当多くの人々の所得と資産の出発点（＝初期状態）は劣悪な状態にあり、とくに女子労働者の状態がそうである。したがって、自由放任政策が採られると、「多くの貧困」はそのまま放置されるか、所得格差が一段と広がる以外にない。この交換の利益と労働者の生存を両立可能ならしめるのが、ワルラスのいう政府の基本的役割になる。彼は、「応用経済学（＝労働市場政策)」では労働者の「結社の自由」を支持し（英国の仲裁制度の導入による紛争解決)、「労働日の制限」、「賃金税の廃止」を訴える。さらに、「社会経済学（＝協同組合論)」ではアソシエ（組合員）の生活向上と「科学的社会主義」(＝土地の国有化、公共サービスの無償化、租税の廃止等）を説いている。

尚、こうしたワルラスの応用経済学と社会経済学の見解をいずれも「凡庸」と見、ワルラスは「純粋理論でのみ成功した」と判定しているのが、森嶋道夫である（森嶋道夫「ワルラスの経済学」（東洋経済新報社、1983 年）、「思想としての近代経済学」（岩波新書 1994 年）を参照。森嶋は、社会主義者としてのワルラスをも評価すべしとする W. ジャッフェとの論争を通して「没価値」にこだわり、一般均衡論にイデオロギーの問題を介入させるやり方を批判している。

(5) ワルラスの二人二財の交換モデルで、第一財と第二財を保有する第 1 の交換者はいま効用関数 u_1 を有しており、同じく第一財と第二財を保有する第 2 の交換者は効用関数 u_2 を有していると仮定する。この第 1 の交換者は 2 財を交換し、交換後に効用関数 $u_1(x_{11}, x_{12})$ を持つと仮定しよう。「交換の利益」がある以上、二人の交換者は交換前よりも効用の大きい財の組み合わせを持たなければならない。市場が完全競争であること前提すると、二人は当然プライス・テーカーとして行動することになるので、次の収入制約の下で、その効用関数の最大化を求めることになる。これは制約付き最大化問題として表現される。

$$\max\ u_i(x_{i1}, x_{i2}) \quad i = 1,2$$
$$s.t.\ p_1 x_{i1} + p_2 x_{i2} > p_1 x_{11} + p_2 x_{12}$$

上の制約条件の左辺は 2 商品の保有者が初期保有の二財を市場価格ですべて売却した時の総売上高であり、彼の所得と見なされる。この予算制約（＝所得制限）付き効用最大化問題から、価格と数量（初期保有量を含む）を変数に持つ需要関数が導き出されるが、初期保有量は所与なので、需要関数は、ここから簡単に

$$x_{i1} = x_{i1}(p_1, p_2),\ x_{i2} = x_{i2}(p_1, p_2)$$

と表現できることになる。競争均衡は、二人二財モデルでは、次の 2 式を満たす均衡価格（competitive equilibrium）で定義される。

定義；

(i) $x_{11}(p_1^*, p_2^*) + x_{21}(p_1^*, p_2^*) = x_{11} + x_{21}$

(ii) $x_{12}(p_1^*, p_2^*) + x_{22}(p_1^*, p_2^*) = x_{12} + x_{22}$

(i) の式の左辺の $x_{11}(p_1^*, p_2^*)$ は市場価格が (p_1^*, p_2^*) の時の第

1 交換者の第 1 財に対する需要量であり、また $x_{21}(p_1^*, p_2^*)$ は第 2 交換者の第 1 財に対する需要量である。したがって、(i) の左辺は、価格がそれぞれ (p_1^*, p_2^*) である時の二人の交換者の第 1 財に対する需要量の和であり、このモデルでは第 1 財に対する社会全体の需要量ということになる。これに対し (i) の右辺は、二人の交換者が交換前に、いわば初期に保有している第 1 財の量なので、生産を考えない場合には、これが社会全体の市場供給量ということになる。したがって、(i) の式は第 1 財に対する市場需要量と市場供給量が価格 (p_1^*, p_2^*) の下で一致することを示しており、同様に (ii) の式は第 2 財に対する市場需要量と市場供給量が価格 (p_1^*, p_2^*) の下で均衡していることを示している。したがって、定義で述べられている価格 (p_1^*, p_2^*) の下では、存在する二つの財について、市場需要量と市場供給量が等しくなっており、財の市場需給が均衡している。他方、財 (x_{11}, x_{21}) と (x_{12}, x_{22}) は、価格が (p_1^*, p_2^*) の下での第 1 財、第 2 財の均衡解に相当するものであり、したがって、この価格が与えられているとき、予算制約の下で第 $i\ (i = 1,2)$ 消費者の効用を最大にする財の組み合わせということになる。市場で均衡価格 (p_1^*, p_2^*) が成立すると、交換者は他人に考慮することなく、自己の効用の最大化のみを考えるという利己主義的な行動をとるが、このことはすべての財についてもいえる。各人がすべて同じ様な利己的行動をとれば、社会全体で見た時、すべての財の市場需給も一致するのである。

(6) 図 3-2 の曲線は個人の有効効用を表す曲線であり、右図の曲線 $\beta_{q,1}$, $\beta_{r,1}$ は所有者 (1) の有効効用を小麦 (B) の消費量の関数として表している曲線である。例えば、長さ Oq_b によって表される消費量 q_b についていえば、稀少性は長さ $q_b\rho = O\rho_b$ によって表される ρ_b である。商品の消費量によって充足される最終の欲望の強度を「稀少性」と名付けるなら、この曲線は同じ個人についての小麦 (B) の消費量の関数として表した有効効用ないし稀少性の曲線ということになる。左図の曲線 $\alpha_{q,1}$, $\alpha_{r,1}$ は燕麦 (A) の消費量の関数として表した稀少性曲線であり、ここから、所有量が減るときには稀少性が増加し、その逆も成り立つことがわかる。

解析的には、有効効用は方程式 $u = \phi_{a,1}(q), u = \phi_{b,1}(q)$ によっ

て消費量の関数として与えられ、稀少性はその導関数 $\phi'_{a,1}(q)$, $u = \phi'_{b,1}(q)$ によって同じく消費量の関数として与えられる。また、もし稀少性が消費量の関数として、例えば方程式 $r = \phi_{a,1}(q)$, $r = \phi_{b,1}(q)$ によって与えられれば、有効効用は 0 から q までの定積分 $\int\phi_{a,1}(q)dq$, $\int\phi_{b,1}(q)dq$ によって与えられることになる。ここでは、u と r は微積関係にあるのである。

(7) ワルラスは､部分需要曲線を決定する事情を効用理論によって説いていた。彼は「外延効用」と「内包的効用」を区別し、効用曲線を使って可能的効用、有効効用（＝全体効用)、稀少性（＝最終効用）の区別を行っている。彼は、有効効用を $u = \phi_{a,1}(q) = \int_0^q \phi_{a1}(q)dq$ と $u = \phi_{b,1}(q) = \int_0^q \phi_{b,1}(q)dq$ いう効用関数で表し、稀少性 r をその導関数 $\phi'_{a,1}(q)$, $\phi_{b',1}(q)$ で求めている。ここで財 B を所有する交換者は、「交換の利益」を享受するため、自分が持つ商品の一部分だけを自分で消費し、他の部分を財 A と交換してより大きな欲望を満足させることになるから、彼は二つの面積で表される欲望の合計を最大化させようとする。ワルラスはこの解明を通して、限界効用均等の法則に行き着くのである。

「有効効用の最大は、各所有者にとり、充足された最終の各満足の比、すなわち稀少性の比が、価格に等しくなったときに実現する。交換に依って得る財の稀少性が交換に供する財の稀少性より大きい限り、交換の利益を得､「より多い総計量の欲望させうる」からである。ここでは、欲望最大化の条件は「商品 A と商品 B の交換後の [稀少性の比] が B で表した A の価格 p_a に等しい」ことである。

(8) 新古典派の総帥マーシャルは､「エッジワース教授の方法は、……経済生活の日常の事実をあらわすという点では、ジェボンズが行っているようなリンゴの限界効用を x（リンゴの消費量）の関数とみなす方法に比べて不適切である」と評している。マーシャルはついに無差別曲線が持つ効用と序数的効用関数の均衡理論に及ぼす画期的な意義を理解できず、最後まで基数的な効用関数に拘ったといえよう。あくまでも「貨幣の限界効用」を一定とし、基数的な効用関数から需要関数を導出するやり方を是としたのである。ただし、マーシャルは因果論の悪循環を断つというワルラスの手法（＝同時的な相互連関論）に対し、もう一つ有力な分析方法として、いわゆる部分均衡論を開発している。すなわち、「他の事情にして一定ならば（Ceteris paribus）」という条件を付け、問題の因子とそれがもたらす帰結を取り扱う方法がそれであって、この手法は後に産業組織論で大いに力を発揮することになる。

(9) ここでは、「余剰」が投入サイドで規定されているが、後に J.R. ヒックスは同様の投入・産出の技術関係をもとに、産出量で余剰を測り、交換比率の変化に伴って利潤最大の時の利潤や投入･産出量の変化を見る手法を開発している。パレートのいう「障碍の無差別曲線」を「障碍の生産曲線」による「生産の一般均衡」論の中に包括している。

なお、パレートのいう「障碍」とは、財の量的限定性に根拠をもつもの（①消費財や生産要素の量の固定性に由来するもの、②必要とする時間・場所で入手困難なもの、③社会組織に由来するもの）など複数あり、我々が自由勝手に決められないものを含んでいる。

(10) ワルラスは、当初、貨幣を「単なる交換手段」と見做し、フィシャー型の貨幣数量説で済ませていた。ところがその後、ワルラスは、個別経済主体の実質現金残高需要を基礎とする「現金残高方程式」に移行し、貨幣の価値貯蔵機能を重視するようになり、それと貯蓄・投資の理論との接合を試行するのである。彼は理論の一貫性を維持すべく、貨幣の価値を限界効用価値説の立場から探求していくことになるが、簡単な経済モデルから複雑なそれへと展開していく過程で貨幣を導入しているので、貨幣機能を単に交換の媒介手段にとどめることができなくなったと推定される。貨幣が価値保存の手段であるための必要条件は、それ自体が価値を持つことであり、ここに単なる財・サービスに加え、貨幣を新たな財として取り扱う必要性が生じてきたのである。だが、蓄蔵貨幣を一般均衡論に統合するということは、実物的均衡を構成している市場の総体に新たに「一つの市場」を加えることにほかならず、そのためには次の三つの条件が必要とされた。一つは、それが、財の交換体系の価値体系に影響を与えないこと（＝「貨幣の中立性」）であり、二つ目は、スミスの「見えざる手」に依存しないで価格の形成プロセスと交換の実現に満足のゆく分析的内実を与えること、そして最後に、交換の媒体はその中立性を捨象すると経済の均衡を決定する可能性を失うのではないかという疑問に答えることである。これは、パティンキン問題と呼ばれ、利子率の決定や絶対価格水準の不決定性に関する論争となって現在まで続いている。こうした難問を解くために、彼は「予備的模索の理論」を提起しているが、不均衡状態では交換や生産などの経済活動は順調になされないとし、結局非現実的な「予定調和」の世界に逃げ込んでいる。ワルラスは、確かに貨幣の背後に潜む実物経済のメカニズムを分析するのに成功した。しかし、最後に貨幣が導入されたとき、貨幣が演ずべき役割は残されておらず、ただ一般均衡の体系との整合性のみが問題として残るかたちになったといえよう。

(11) エルンスト・マッハは、物理学（力学）の古典たるニュートンの「プリンキピア」を取り上げ、そこで冒頭に掲げられている「八つの定義」と「三つの法則」を、「見かけだけの定義」、「同義反復」、「トートロジー」、「不必要」といった具合に次々と批判し、それに代わる「五つの命題」を代案として提示した。彼はそれによって、アインシュタイン本人も認めているように、「相対性理論の先駆者」になったのである。彼の最大の功績の一つは、ニュートンの「質量」概念や「絶対空間・絶対時間」の概念への批判的挑戦にある。ニュートンの質量概念と表裏一体の関係をなしている「物質の不可知の内奥の実体」や「精気」などは存在しないし、「絶対空間・絶対時間」も「単なる思考上のもの」（＝神の直感）にすぎない」として、ニュートン体系に残る観念論的残渣を実証主義（＝経験則の重視）の立場から一掃したのである。マッハは、ニュートンが絶対時空の概念を根拠づけるため考案した「水桶の思考実験」（＝水桶を静止させて、全宇宙の星を回転させたら桶の中心の水は凹むか？凹まない！）」を厳しく批判し、「検証できない概念」を自然科学に入れてはならないと主張したのである。

もう一つは、「観測可能なできるかぎり多くの事実ができる限り少ない原理のもとに統一されるような（＝オッカムの剃刀）「思考の経済性」が存在すべきである」とする方法論を打ち立てた点にある。彼は、物理学は個々の観察や実験で得られた「個々の知見」から不必要な論理ステップを排除し、できるだけ無駄を削ぎ落して行った（＝オッカムの剃刀）「合理的な推論」の体系であるべきであり、物理学の一般法則はそうした観測・実験の「簡単に纏められた要約」であるべきだと主張した。科学的認識における「実利的（＝プラグマティック）な態度」の必要性を強調したのである。「唯物論は非科学的で時代遅れ」というマッハの極論は後にレーニンによって猛反発をくらうことになるが（「唯物論と経験論批判」）。マッハは不可分割的で不変なものという「物質概念」はおかしいという自説を譲らず、物質には「揺らぎ」もあれば、「消滅」もあるとした。E. マッハの思想がパレートの価値論に影響を及ぼしたことは予想にかたくないのである。E. マッハの著作については、「感覚の分析」（須藤吾之助・広松渉、法政大学出版）、「認識の分析」（広松渉・加藤尚武訳、法政大学出版）を参照。

(12) パレートの所得分布は関数 $N(x) = H/x^a$（H と a はパラメータ）で表される。ここで x はその源泉を問わず家計に入る一切の所得（＝総合所得）であり、$N(x)$ は所得が X 以上の世帯数である。

上式の対数をとると、$LogN(x) = LogH - a\ Log\ x$ となり、これを両対数グラフで示すと、切片 $LogH$、傾き $-a$ の直線が描ける。$|a|$ が大きい程、公平にということになる。

(13) パレート自身が、友人 M. バンタレオーッレへの書簡で、経済学の推論には「三つの段階がある」と認めている。3 段階とは、(1) 私をも含めて、全理論は快楽、効用の最終強度、稀少性、オフェリミテといった実体概念に従属している段階、(2) 論文「純粋経済学の問題」では、私はこのような実体から離れているが、いまだ完全にはそれから離れていない段階、(3) そのような実体はすっかり影をひそめ、事実だけが残る段階のことであり、彼自身の価値論の発展段階を描写したものである。こうした価値の実体概念の希薄化は、彼が社会科学の方法としてあくまでも「没価値」と「経験事実」にこだわったことを意味している。

なお、こうした認識の転換は、パレートがマッハ主義に傾倒したこともあり、やがてはワルラスとパレートの学問的な訣別を決定的なものにしていく。尚、二人の交友関係の軌跡については、松浦保「ワルラスとパレート」、三田学会雑誌、第29巻3合を参照。ワルラスとパレートの関係については、松島敦茂の研究「経済から社会へ」（みすず書房、1985年）に多くを負っている。

第四章

パレート最適と一般均衡

A. ヒックスの貢献

J.R. ヒックスは、その主著「価値と資本」で純粋経済学の立場に立って、部分均衡 → 一般均衡 → 動学と理論を展開し、市場の均衡とその運行を詳細に解明している。ヒックスの最大の功績は、パレートによる序数的な効用関数（無差別曲線）による均衡の解明を効用理論の「革命」と高く評価し、ミクロ経済学の基礎を固めた点にある。ヒックスは、この無差別曲線分析に「限界代替率」、「所得効果」、「代替効果」などの新しい分析ツールを注入し、それらを用いて需要関数や需要法則を導く道を拓いた。そこでは、無差別曲線は原点に向かい凸であること、限界代替率は逓減することなどが確認され、そうした無差別曲線と予算線から導かれた価格線（＝交換比率）との接点で、消費者均衡（＝効用序列の最大化）が成立することが明らかにされている。ヒックスの需要関数と「需要法則」は、当該財と他の財の価格を変数としたマーシャルのそれと並ぶ重要な概念となり、ユニークな「補償変分」、「等価変分」といった諸概念を含め、いまやミクロ経済学の標準的テキストに必修の項目となっている。また、通常の財の場合には、その財の価格低下は、「所得効果」（＝価格低下が消費者の実質所得を増大させる効果）と代替効果（＝その財への需要を増大させ、他の財の需要を減少させる効果）の「総合」により、当該財の需要増大をもたらすことを、すなわち財の需要量は価格の減少関数になることを明らかにしている。

ヒックスの需要分析は、需要曲線は右下がりの曲線になるという点ではマーシャルと同じだが、分析手法を一変させたところにその革新性があった。すなわち、彼は効用概念を基数的なものから序数的なものへと転回させ、「限界効用（の逓減法則）」を「限界代替率（の逓減法則）」に置き換え、「貨幣の限界効用一定」という仮定を、所得効果・代替効果という新しい概念をもって書き換えたのである(1)。また、ヒックスは、マーシャルが開発した「貨幣の限界効用一定の下での消費者余剰」の説明が無差別曲線を用いた場合にはどうなるかを明らかにし、その大きさは貨幣の限界効用が一定の時にかぎりマーシャルのそれに等しくなることを証明している。さらには、単独商品に対する需要に注意を集中するマーシャルに対し「聯関財」（＝「代替材」と「補完財」）に注意を払ったパレートの革新性に触れ、パレートを限界効用理論を無差別曲線の理論に翻訳することでマーシャルとは異なる経済学の軌道を開拓した経済学者と評価している。その上で、二財の間に代替的、補完的な関係がある場合、当該財の価格低下で他の財の需要量が代替効果・所得効果を通してどのように変化するかを詳細に分析している（→スルツキー分解)。要するに、①ワルラスの「限界効用均等の法則」を、無差別曲線を利用した「限界代替率の均等法則」に置き換え、②「代替性」とに「補完性 complementarity」の議論を付加し、③需要法則を導く際にマーシャルの「貨幣の限界効用一定の仮定」を排し、「所得効果」と「代替効果」の総合からユニークな需要曲線を提示したのである。因みに、その形状は価格逓降的（＝右下がり）である点ではマーシャルと同じだが、マーシャルよりも伸縮的なものになっている。

また、ヒックスは主意的な均衡に対し客観的な均衡を成す市場における「交換の一般均衡」を取り上げ、その運行と安定性についての条件を探っている。彼はワルラスの方法に準拠しつつ、一般均衡に次のようにアプローチしている。需要関数 $D_i = f_i(p_1, p2, p_3, \cdots, p_n)$ と供給関数 $S_i = f_i(p_1, p_2, p_3, \cdots, p_n)$—ただし、$i = 1, 2, 3, \cdots, n$ —を所与とすると、未知数は標準商品（＝第 n 商品；ニュメレール）との相対価格となるから $(n-1)$ 個である $\{p_1/p_n, p_2/p_n, p_3/p_n, \cdots, 1\}$。これに対し、需給均等方程式 $\{D_i = S_i\}$ の方は n 個あるように見えるが、独立の需給均衡式はやはり $(n-1)$ 個なのである。ある財の需要は「標準商品」の供給となり、かつある財の供給は「標準商品」の需要となるからである。各財の需給均等式から「標準商品」の需給均等式が得られる構造になっているため（＝ワルラスの法則)、独立の需給均等式はやはり $(n-1)$ 個になるのである。「かくて $(n-1)$ 個の独立の価格を決定すべき $(n-1)$ 個の独立な方程式が存在する」ことになる。こうして、ヒックスも、ワルラスと同様、一般均衡の問題ではやはり方程式の数と「未知数の数」の整合性の問題に行き着くことになる。彼も、価格方程式体系の解の条件を方程式の数と未知数の数との一致に求めたわけだが、そうした条件だけでは「一意の均衡解の存在」の論証には不十分であることに気づいてもいた。ヒックスも「均衡解の存在問題」を完全には解けなかったのである。とはいえ、ヒックスは「一般的均衡体系の運行」で均衡解の存在を「前提」にして「多数交換体系の一般的安定」に言及している。そこで彼は、「交換の均衡体系」がいかなる場合に安定的であるかを問い、価格の上昇は超過需要を抑え、価格の下落は超過需要を高めるという観点を利用して、「交換の均衡体系」がいかなる場合に安定的であるかを問い、「超過需要曲線」が右下がりに傾斜しているときは「安定的」であることを探り出すのである[(2)]。そして、多数財交換には安定的な均衡体系が存在していることを指摘したが、そこである財の所得効果に強い非対称性が存在したり、極端な補完性が存在する場合には、そのかぎりではないとした。所得効果を無視でき、かつ複数財に代替性があり、そこに補完性がなければ、一般均衡体系は安定的であると結論したのである。

ヒックスは多数交換体系の問題に、ある一つの他の財Y（Z,…等の価格は与えられている）の市場を通じての「反作用」が財Xの市場に及ぼす効果を図形化することによってアクセスしている。図 4-1 では、***XX′*** と ***YY′*** が点 ***P*** で交わっている。ここで点 ***P*** は ***X*** 市場と ***Y*** 市場をともに均衡させる「一対の価格」を表している。これらの市場が安定均衡にあるのは、***X*** の価格が点 ***P*** を超えて上昇するような時には（例えば、価格 ***PQ***）、***Y*** の価格に反作用し（***QR***）、そしてそれが ***x*** の価格に対して再び

図 4-1　ヒックスの安定条件

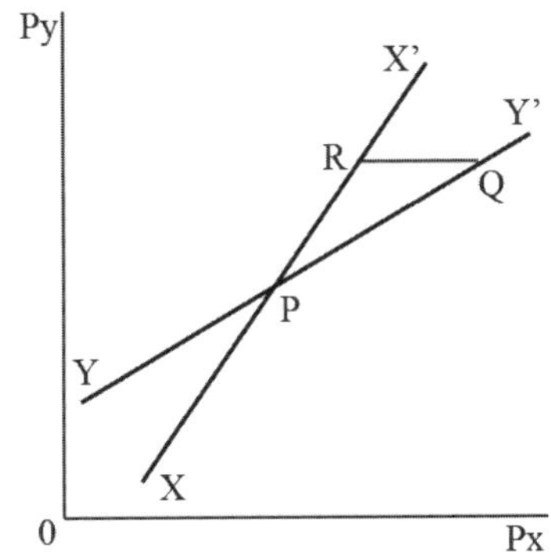

これを引き下げるような仕方で反作用する場合である。そのためには、***XX'*** の勾配は ***YY'*** のそれより険しくならなければならない。そうした場合には、点 ***P*** は「安定均衡の価格の組」になっているといえるのである(3)。

ヒックスは、生産の均衡では、消費者の無差別曲線を「生産曲線」に置き換えて生産均衡の条件を探っている。先の「交換の一般均衡」において用いられたロジックは「生産の一般的均衡」でも変わらない。すなわち、消費者の無差別曲線を今度は企業の「生産曲線」に置き換えて生産均衡の条件を探るのである。

そこで彼は、企業の利潤最大化は、①生産要素の価格＝限界生産物価値、②生産物の価格＝限界費用という 2 式が成立するときに達成されることを説いている。また、投入・産出の技術関係をもとに、需要・消費面にとどまらず生産・産出面でも余剰（消費者余剰、生産者余剰）を測り、交換比率の変化に伴い「利潤最大の時」の利潤や投入・産出量の変化を見る手法を開発し、パレートのいう「生産曲線（＝無差別曲線）」を「企業の均衡」

論の中心に据え直している。そして、複数の生産要素を用いて複数の生産物を生産する場合には、生産物間の価格比率が技術的限界変形率に等しくなることをリジッドに証明し、生産物の代替については限界代替率の逓増が、生産要素の代替については限界代替率の逓減が供給の「安定条件」に加わることを明らかにしている。

さらにヒックスは本書の後半で、「静学の動学化」の問題に取り組んでいる。ワルラスの一般均衡論は基本的に静学的な均衡であり、時間軸が欠如していた。彼はそれを補おうとしたのである(4)。彼は、「各数量に日付け」を持たせるべく、「週という考え方」を導入した。各週は月曜日に始まる。月曜日の朝、経済の全構成員は、それぞれ所有する財をすべて持って市場に集まる。市場ではオークショナー（＝せり人）がいて需要と供給が等しくなるような価格体系を見出すために、ワルラスのいう「模索過程 tatonnement」を実施する。まず、オークショナーが試行的に一つの価格体系を適当に作って、それを全構成員に提示する。各構成員は、その価格体系の下で自ら所有する生産要素をどれだけ市場に供給し、そのとき得られる所得を費消して最大の効用を得るため、どれだけ市場で財を需要するかを決め、そうして作成した供給計画と需要計画をオークショナーに提出する。彼は全構成員から提出された計画を集計し、各財につき需要と供給を求める。そして、需給が一致しない財については、その価格を修正して新しい価格体系を提示する。すると、それを受け各経済主体は新しい価格体系の下で生産と消費の計画を立て直し、修正した計画を再びオークショナーに提出する。この調整プロセスがすべての財の需給が一致するまで続くことになる。ヒックスによれば、この模索過程は需給が均衡する価格体系が見出されるまで、月曜日を通じ一日中繰り返されることになる。火曜日から金曜日にかけて、各経済主体はその市場価格体系の下で、計画されたとおりに生産活動を行い、それぞれ報酬が支払われる。そして土曜日から日曜日にかけて実際の消費活動が行われヒックスの「週」が終わるのである。次の月曜日の朝には新しい週が始まり、各人は変化した財や生産要素の構成の下、オークショナーの前でまた第一週と同じプロセスに従事するのである。このように、ヒックスは「一時的均衡の時系列」として動学を導こうとした。固定資本の量が変化することにより毎期・毎期の「一時的均衡」が変化していくというかたちでワルラスの考え方を継承しつつ、「進歩的経済」を構想しようと試みたのである。「静学的精髄を失わない」かたちで動学を展開しようとしたともいえる。

だが、誰が見ても、こうした想定には無理がある。そうした「日付け」をいくら繋げてみても、そこからダイナミズムにあふれたベルグソンのいういわゆる「生きた時間」が出てくるはずはない。結局、彼の動学化の試みは無時間的な均衡体系が時系列的に進行する過程を紡ぐことでしかなかった。いわば時間要素を諸々の均衡体系を繋ぐ連鎖として体系の外側から持ち込む以外になく、時間も抽象的・形式的なものにならざるをえなかった。ヒックスの動学化の試みは失敗に終わったといえよう。経験事実の背後に隠されている与件とその変動の問題が積極的に取り上げられないかぎり、結局、「一般均衡」とは陰伏された時間の流れの中の「任意の一瞬間」を捉えた問題にならざるをえない。この学派が「静学の罠」に迷い込み、現実的な経済分析や経済問題において、発言力を喪失していくのはある意味で当然であった。

そもそも模索過程は長期を要し、一日といった超短期で終わるはずもないのに、それを一日の問題に還元するところにワルラスの交換体系は成立していた。だが、均衡が成立するまでは長期を要し、その間に消費者の「嗜好」や生産技術が不変のままである保証はないのである。とはいえ、ヒックスによるローザンヌ学派の静学を動学化する試みは思わぬ波紋を呼び、サミュエルソンに受け継がれ、後の経済動学の発展に大きく寄与することになる[5]。

以上、ワルラスの一般均衡論の精緻化に果たしたヒックスの功績を見てきたが、彼が序数的効用理論に則り整理した新しい経済学（＝ミクロ経済学）から俯瞰すれば、ローザンヌ学派の経済学とは、「消費者行動の分析（＝予算制約下の効用最大化と限界代替率の逓減法則）」、「労働供給の分析」、および「生産者行動の分析（＝生産要素の最適組み合わせと利潤最大化）」から得られる完全競争市場における「一般均衡」の解析ということになる。そのエッセンスは、すべての産出物と生産要素について、ある一つの市場価格体系が与えられたとき、各生産者は利潤が最大になるように生産技術を選択し、生産要素の組み合わせを決める。また、すべての生産者についてこれを集計することによって、各産出物の供給量および各生産要素に対する需要量が決まってくる。各消費者については、所与の賃金・要素価格体系の下でそれぞれ所有する生産要素をどれだけ供給するかを決めることで、彼の所得が決まり、それと同時に各産出物に対して彼がどれだけ消費のために需要するかも決まってくる。

そして、ここでは「均衡価格体系」は、すべての産出物と生産要素に対する需要と供給が等しくなるという条件の下で実現されるのである。以下、具体的に検討しよう。

B. 交換と生産の理論

ア . 交換経済

個人ないし家計は市場で交換を行うが､それは「交換の利益」を得るためである。これは､通常､「効用」という概念で示され、直接的ないし間接的に効用関数で表示される。ここでは効用それ自体に詳しく触れることなく、ミクロの教科書通り、それを欲望の充足に伴う満足度、消費することの喜び（の大きさ）といった具合に定義しておこう。効用関数には、効用の大きさを数量で表す基数的効用関数と他の財との選好度合いで表す序数的効用関数があるが、個人間の効用比較は不可能とされ、ヒックス以降、後者の考え方が主流となった。そしてそこでは、①完備性の公理、②推移性の公理、③裁量選択の公理という「三つの公理」が働くと見なされている。

二人二財モデルで交換を考えよう。底面の座標軸に 2 財を、縦軸に効用の大きさを置いた立体のなかで効用曲面を捉えよう。ここで財の追加取得と追加消費は最初の内は消費者に大きな満足を与えるが、徐々にその度合いは逓減するといういわゆる限界効用の低減法則を想起しよう。すると、この効用曲面は中腹までは険しい坂道を辿るが、山頂が近づくにつれ、なだらかな山道になるような、いわば底面に対し凸上の丘陵をなしていることがわかる。この効用曲面を上から見た平面図の等高線

図 4-2　効用曲面と無差別曲面

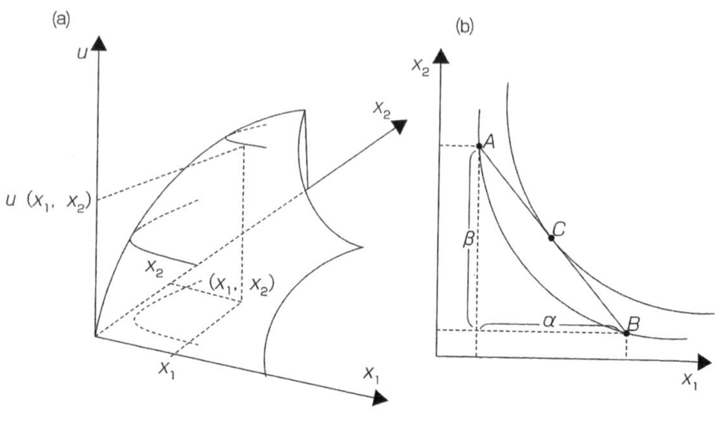

が消費者の無差別曲線を形成することになる(図 4-2)。したがって、この曲面上の点は、彼に同一の満足度をもたらすことになる。この無差別曲線は、通常、財の消費量が多くなれば個人の効用は高まるという性質（＝多々弁ず）と極端な財の選択を避ける（＝選好の凸性）という、二つの性質を持っている。前者は無差別曲線が右上に移動すればするほど効用は大きくなることを、後者はその形状が原点に向かって凸状になることを意味している。上図の点 ***A*** や点 ***B*** のような偏った選択を行うより、バランスのとれた点 ***C*** を選択する方が効用は大きくなるのである。無差別線上で消費者が財 $\boldsymbol{x_1}$ の消費を $\boldsymbol{\alpha}$ 分増やすには財 $\boldsymbol{x_2}$ の消費を $\boldsymbol{\beta}$ 分犠牲にしなければならない。そうしなければ効用水準は一定に保たれないからである。財 $\boldsymbol{x_1}$ の消費を追加 1 単位増やすのに財 $\boldsymbol{x_2}$ の消費をどれだけ犠牲にするかを「限界代替率」と呼び、これは無差別曲線の傾き（の絶対値）で表される。その求め方には二通りあり、無差別曲線の効用関数 $\boldsymbol{u}$

$= u(x_1, x_2)$ の 2 変数 (x_1, x_2) の内の一方の財を固定し他方の財を微小に変化させる偏微分を用いて求めてもよいし、効用の一定性を利用し、効用関数の全微分をゼロと置いて求めてもよい。いま、効用関数を $u(x_1, x_2) = \bar{u}$ とすれば、$U_1 dx_1 + U_2 dx_2 = 0$ より、$- dx_2 / dx_1 = u_1(x_1, x_2) / u_2(x_1, x_2)$ を得、限界代替率は両財の限界効用の比で表されることがわかる。ここで、限界代替率という概念は、あくまでも、序数的な概念であることに留意を要する。山の標高の高低や等高線はその表示法（メートル表示、フィート表示など）に関係なく決まっており、等高線の形状にも変化はないのである。基数的な効用関数では、限界効用の低減法則は二回微分が負になることで表現されるが（$= \partial^2 u / \partial x_i^2 < 0$）、序数的な効用関数ではそれが、限界代替率の低減法則に取って代わられるのである。

ある経済は、すべての経済主体の生産・消費活動が円滑に繰り返されるよう、各経済主体間に財がその種類と数量において適当に割り当てられているとき、「一つの配分状態にある」といい、その配分は、①各家計がそれで社会生活を営むことができ、②各企業がそれで技術的に生産を行うことができ、③最終消費財がすべての家計に行き渡り、④中間生産物の総量がそれをインプットして用いる企業にすべて配分されており、⑤家計が保有する資源の全体量が、家計の消費とすべての企業への資源投入量に等しくなっているときに「実現可能」であるとされる。パレート最適な配分とは、それ以外実現可能な配分のなかにより良い配分が存在しないような配分であり、それを別の配分に変更しようとすると必ず反対者が現れ、もはや全員一致の賛同が得られないような配分と定義される。

図 4-3　エッジワース・ボックスと契約曲線

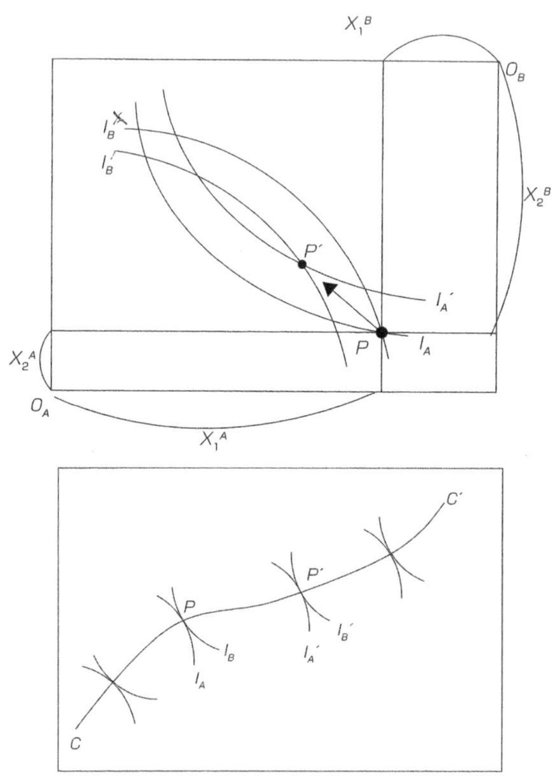

ここで、二人二財の交換モデルを、エッジワース・ボックスで説明してみよう（図 4-3)。個人 A と個人 B がそれぞれ過不足のある $\boldsymbol{x_1}$ と $\boldsymbol{x_2}$ を持って、交換の場に登場するのである。

上図の点 ***P*** は二人の間での二財の初期配分であり、個人 A の無差別曲線は $\boldsymbol{I_A}$ で、個人 B の無差別曲線は $\boldsymbol{I_B}$ で表現されている。交換で従来よりも高い効用水準を得ようとし、個人 A は $\boldsymbol{I_A}$ より右上の領域で、また個人 B は $\boldsymbol{I_B}$ より右下の領域で交換を行おうとする。ここではそうした交換の一例として、点***P′***での交換を示している。ここにはジェボンズのいう「欲望の二重の一致」が存在するわけだが、初期保有点から二人の無差別曲線がレンズ領域のどのポイントに移動するかは、両人の「交渉力」によって決まる。もちろん、そうした一致がなくても、両者が共通して需要する貨幣が登場するか、両財の裁定で利益を得る商人が登場すれば、交換は可能である。二人の交渉は、パレート最適の概念を想起すれば、交換で一方がそれ以上の利益を得ようとすれば、他方が必ず損をせざるを得なくなるようなポイント、すなわち二人の無差別曲線が接するところで決着する。この接点を繋いだ軌跡を契約曲線（contract line）と呼び、この曲線上のポイントがパレート最適点になる。それゆえ、そこでは常に個人 A の限界代替率 $= u_1^A(x_1, x_2)/u_2^A(x_1, x_2) = u_1^B(x_1, x_2)/u_2^B(x_1, x_2) =$ 個人 B の限界代替率が成立していることになる。したがってまた、パレート最適点は無数存在することになる。

そして、この条件は、多数の個人が多数の財を交換しあう経済にも拡張できる。だが、多数の個人が参加する交換では、個人が任意のメンバーからなるグループを形成し、そのグループが他の個人の取り分を損ねる可能性がある。交換主体の間で結託（＝共謀）が発生し、それが個人の取り分をブロックする可能性があるのである。ここで、A、B を個人ではなく、交換主体のタイプと見做し、それぞれのタイプに二人の交換者がいて、彼らが二財を交換する経済を想定しよう（＝2財4人モデル）。A_1 と B_1、A_2 と B_2 がペア―をなして交換を行っていると仮定しよう。図 4-4 の契約線（***CC′***）上の点 ***C*** に注目しよう。ここ

図 4-4　コアへの収束

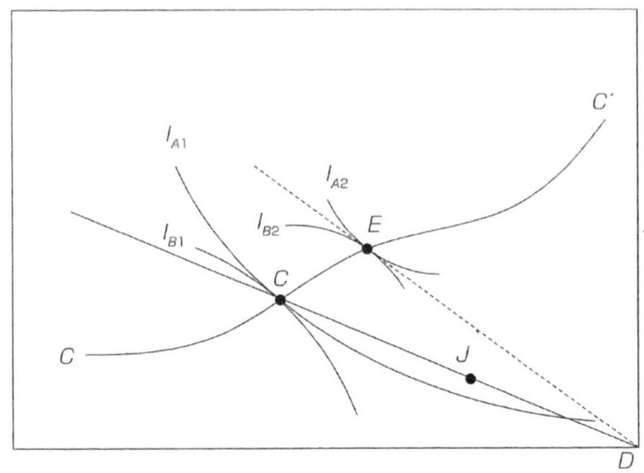

も一応パレート最適ではあるが、契約主体が個人ではなく、あるタイプに属する複数人となると、共通接点はもはや厳密な意味でパレート最適ではなくなる。内部で結託すれば交換主体の間でパレート改善が可能になるからである。いま、点 ***D*** をタイプ A の初期保有点として線分 ***CD*** を引くと、それは無差別曲線 $\boldsymbol{I_{A1}}$ と二か所で交わり、しかも線分 ***CD*** の中点 ***J*** が無差別曲線の右上にあることがわかる。このような状況では、A_1 と同じタイプ A_2 は、自分がペアを組んでいる B_2 との交換を取り止め、初期保有量 ***D*** を持って A_1 に対し取り分 ***C*** と ***D*** を加算して 2 で割った取り分を二人で分け合おうと提案できる。この場合には、B タイプの効用はともかく、A_1 と A_2 の効用は着実に増大する。したがって、この提案は受け入れられ、結託が成功する可能性がある（＝パレート改善）。こうした事態は、初期保有点と契約曲線上の点を結ぶ線分が契約曲線上のその点を通る無差別曲線と二か所で交わるかぎり、必ず発生するといってよ

い。これに対し、ある配分について、それをブロックする結託が存在しないとき、その配分はコア（core）に属するといわれる。それは契約線上の共通接線がその接点と初期保有点を結ぶ線分に一致する時である。そして、これは交換の参加者の数が増し、取り分をめぐる競争が増進することで実現される。すなわち、完全競争が達成されると、結託の余地はなくなり、配分は点 ***E*** に収束するのである（＝コアの極限定理）(6)。

ここでは、交換主体は、予算制約下で効用の最大化を目指す合理的な消費者として想定されている。したがって、彼の最適行動は、予算制約付きの効用最大化モデルで定式化でき、$u(x_1, x_2)$ の二財効用モデルでは $\{\max u(x_1, x_2),\ s.t.\ p_1 x_1 + p_2 x_2 = Y\}$ で示されることになる。ここで、効用の局所的非飽和と凸選好を仮定すれば、消費者は彼の無差別曲線が予算線と接するところで、すなわち限界代替率が価格比に等しいところで消費を行うことで、効用を最大化することになる。したがって、これをラグランジュ関数にして解くことで、$p_1/p_2 = u_1(x_1^*)/u_2(x_2^*)$ ないし $u_1(x_1^*)/p_1 = u_2(x_2^*)/p_2$ を得るが、これは限界効用が均等化することを意味している（＝加重限界効用均等の法則）。財1（財2）に1円を支出して得られる x_1 財（x_2 財）の単位はそれぞれの価格が (p_1, p_2) であれば、$1/p_1\ (1/p_2)$ となり、一単位の財の増加から得られる限界効用の大きさは $u_1\ (u_2)$ で表現されているからである。

イ．効率的な生産

生産とは家計部門から受け取る生産要素を本源的な投入財として、中間生産物を相互に取引しながら、最終生産物を家計部門に供給する企業群の活動全体を指す。「実現可能な生産活動」とは、個々の企業にとって技術的に実行可能な生産計画であり、産業連関表で示される取引のように、産業部門間・部門内の取引として相互に矛盾のないものでなくてはならない。こうした生産活動をすべての企業について合計し、企業間の中間取引をそこから控除すれば、生産部門における生産要素の必要量と「純生産物」の総量が得られる。したがって、ここから、生産の効率性を次のように定義できる。生産は本源的生産要素の生産的消費を増やすか、他の財の純生産量を減じる以外に、任意の財についてその純生産量をいまより増やすことができないときに効率的である。消費者の財の効用曲面と同様、二財投入型モデルの生産曲面を考えてみよう（図 4-5)。

いま、企業は生産要素 $\boldsymbol{y_2, y_3}$ を投入し、生産物 $\boldsymbol{y_1}$ を得ていると仮定する。この生産活動は陽関数($\boldsymbol{y_1 = F(y_2, y_3)}$)でも陰関数($\boldsymbol{g(y_1, y_2, y_3) = 0}$) でも表現が可能である。ここでこの生産曲面の平面図を取ると、生産高の等高線を入手できる（＝等量曲線)。

図 4-5　生産曲面と等量曲線

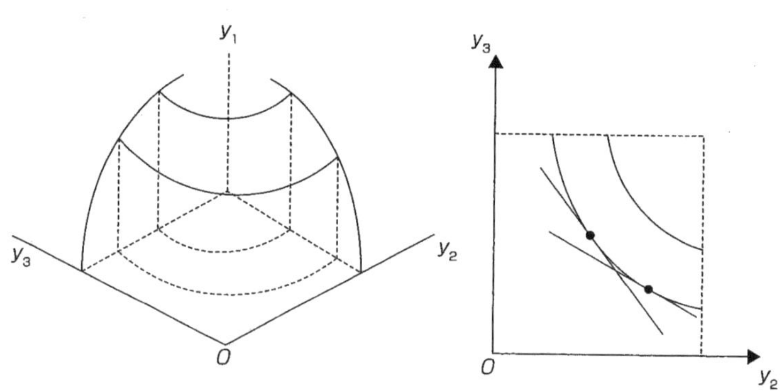

図 4-6　二インプットの二企業間への配分

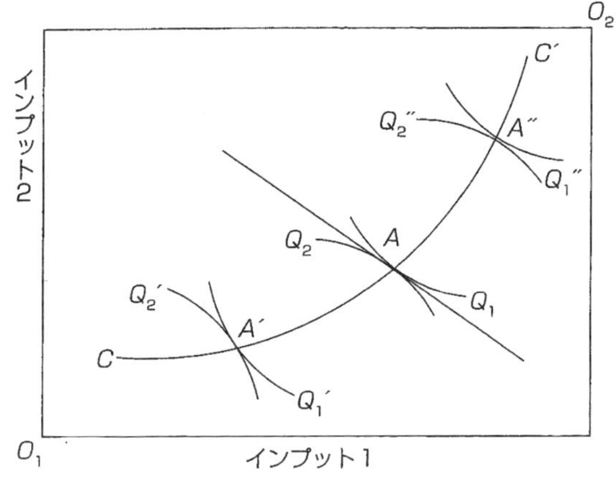

等量曲線は生産要素の組み合わせで成り、その傾き（の絶対値）は「技術的限界代替率」と呼ばれている。これは一定の生産高を得るのに一方の生産要素を減じたら、他方の生産要素をどれだけ追加投入しなければならないかを示すものであり、通常、生産要素に限界生産性の低減法則が働くため、原点に対し凸状の曲線で描かれることになる。生産要素を機械と労働で考えた場合、機械の増加により置換（＝削減）できる労働の量は、機械の台数が増えるにつれ、徐々に減少するのである。

いま、先の交換分析とのアナロジーで、企業 1 と企業 2 という二企業が同一の二つの生産要素を用い同一財を生産する二財投入・一財産出型の生産モデルを考えてみよう（図 4-6）。ここで生産要素の総量を一定とすると、企業1と企業2を対極に取った生産のボックス・ダイアグラムの中に二企業の等量曲線が相互に接する契約曲線 ***CC′*** を描くことができよう。生産の効率性を確保するためには、この二企業間へのインプットの配分がこの契約曲線上になければならない。そうでないと、いずれか一方の企業が生産要素を増やすことで（減らすことで)、他方の企業の等量曲線を下に引き下げる（上に引き上げる）ことができるからである（パレート改善)。このことは、二つのインプットに関し、二企業が互いに等しい技術的限界代替率を持つことを意味している。技術的限界代替率は、生産関数を、$y_1 = F(y_2, y_3)$ とおけば、全微分を用いて

$f_2(y_2, y_3)\,dy_2 + f_3(y_2, y_3)\,dy_3 = 0$　から $-dy_2/dy_3 = f_3((y_2, y_3))/f_2((y_2, y_3))$

と表現できる。上式の右辺はインプットの一方を固定した時の当該生産要素の限界生産性の比を、すなわちインプットの限界生産性の比を表しており、契約曲線上の点では、その比が二企業にとって等しいことを意味している。いま、二つのインプットを K（＝資本)、L（＝労働）と置き、二財 x_1, x_2 を生産する二つの企業の生産関数を $x_1 = f(k, l)$, $x_1 = g(k, l)$ で表せば、二つの企業が、共通接点の軌跡をなす契約曲線の上にあるための条件は、二つの等量曲線の傾きが等しくなるときなので、$f_l/f_k = g_l/g_k$（ここの下付き記号は偏微分を表示）ということになる。企業は利潤最大化を求めて行動する。いま、生産要素 K, L を用いて生産物 Q をつくる企業の生産関数を $q = f(k, l)$ で表わすことにしよう。すると、競争市場において企業はプライス・テーカーなので、利潤は $\pi = pq - vk - wl$ の式で表現できることになる（ただし、p は生産物の価格、v は資本財の価格、w は賃金である)。企業は生産関数の制約の下で利潤の最大化を追求することになるので、まず生産曲面を描き、ついで上の利潤関数から π の大きさを固定した等利潤平面をつくり、それが生産曲面と

接するポイントを探ることで、利潤最大化の条件に迫ることができる。π を固定し、三つの変数 (k, l, q) の組み合わせから等利潤平面を描けば、この等利潤平面は生産曲面と接するところで、すなわち縦軸の最も高い位置（点 E）で、利潤最大化を実現することがわかる。等利潤曲面は、それが生産曲面と交わる時にはまだまだ利潤を得る余地があることを示しており、逆に交わらない時には生産関数の制約を受けていないことを意味するからである。この図の点 E の座標を (k^*, l^*, q^*) として、その平面図と側面図を描いたのが、次頁図 4-7 のパネル（a)、(b)、(c) である。

パネルの平面図では、点 E での q^* に対応する等量曲線と右下がりの等費用線が接していることがわかる。この等費用線は $vk + wl =$ 一定の仮定から導くことができる。したがって、利潤最大化の条件は等費用線の傾きと等量曲線の傾きが一致することから、K に対する L の限界代替率＝$f_l / f_k = w / v =$ 等費用線の傾きと纏めることができる。ここでは、産出量を生産するのに要する費用が最小になっている（＝利潤最大化の双対問題としての費用最小化）。パネル (b)、(c) では、総生産曲線と等利潤面が接するときの側面図が描かれている。上の利潤式から接線の傾きはパネル (b) では v / p 、パネル (c) では w / p となる。だが、接点ではそれは同時に限界生産性なので、K の限界生産性 $f_k = v / p$、L の限界生産性 $f_l = w / p$ となる。これは、古典派の「公準」と呼ばれているもので、競争均衡ではインプットの価格は限界生産物価値に等しくなるのである。企業は利潤を最大化するため、生産要素をその限界生産性が実質的な資本の単価（＝レンタル料金）と賃金率に等しくなるところまで採用するのである。

図 4-7　利潤最大化の幾何学図

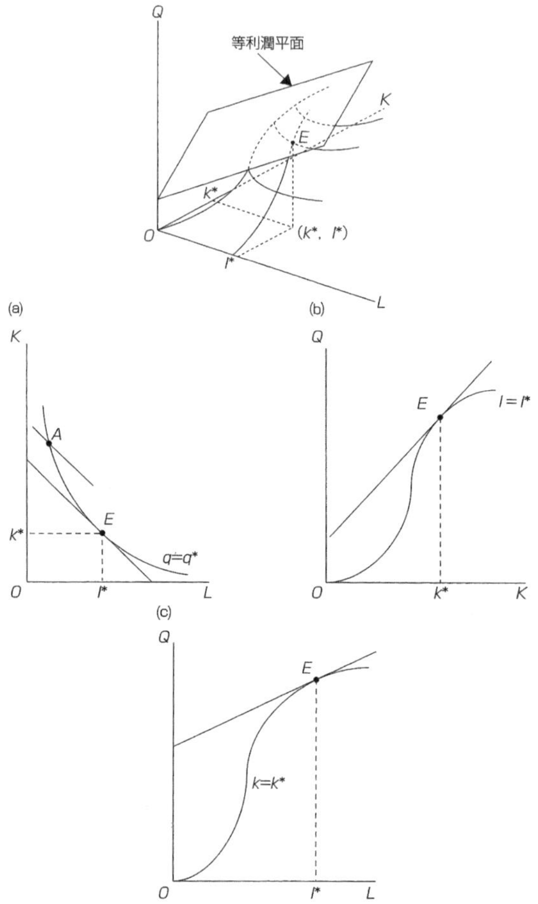

もし企業が要素市場を含む市場全体の価格を所与として利潤最大化を追求すれば、生産関数 $\boldsymbol{f}$ と生産関数 $\boldsymbol{g}$ を持つ同一生産物を生産する二つの企業の間に

$$\boldsymbol{f_l / f_k = w / v = g_l / g_k}$$

の関係が成立するはずである。共通の技術的限界代替率の値が

市場における要素価格比 w/v に等しくなるので、ここで費用最小化が実現されている。換言すれば、w/v の値で表されるように生産要素 K と L の比率を定めれば、生産要素の配分は費用を最小化することになるのである。限界条件から逆算してすべての要素価格を定めることができるのである。この価格体系は効率的配分を支持する価格、いわゆる効率性価格と呼ばれ、競争市場で企業が利潤最大化を追求するとき、この価格体系が社会的に要請されることになる。

いま、同一生産物をつくる二つの企業群があり、生産関数 f を有する第一企業群に 2 社 (a, b)、生産関数 g を有する第二企業群に 2 社 (c, d) があると想定しよう。すると競争企業の利潤最大化により、

$$f_k^a = f_k^b = v/p_1 \quad g_k^c = g_k^d = v/p_2$$
$$f_l^a = f_l^b = w/p_1 \quad g_l^c = g_l^d = w/p_2$$

が導かれる。したがって、要素価格にとどまらず、生産物価格についても価格を推計できることになる(7)。

ここで企業 a に注目しよう。効率性価格の下では、$f_k^a/f_l^a = w/v$, $f_l^a = w/p_1$, $f_k^a = v/p_1$ が成立しているが、これらから、

$$p_1 = w/f_l^a = v/f_k^a = (wdl + vdk)/(f_l^a dl + f_k^a dk) = dC^a/dx_1^a) = MC^a$$

といった具合に企業の生産物価格 p_1 を導くことができるからである。すなわち、競争市場にある企業は、生産の効率性価格に従う場合、{価格＝限界費用} を実現することになるのである(8)。

ウ.パレート最適の条件

生産を含む経済に関するパレート最適を考えるとき、それが成立するための第一の条件は、生産を行う企業間への生産要素の配分について、それが効率的生産の条件を満たしていなければならないということである。さもなければ、すべての消費財の消費量を替えることなく生産過程に投入すべき資源（＝生産要素）の量を節約できることになる。第二に、生産された財の家計間の配分について、交換経済におけるパレート最適性の条件が満たされていなければならない。第三は、家計部門と生産部門の間に、生産性可能性フロンティア上のある点 ***A*** の限界変形率が家計間の共通限界代替率にひとしくなければならないという特別なつながりがなければならないことである（図4-8）。

図 4-8　生産可能性曲線と家計の消費選択

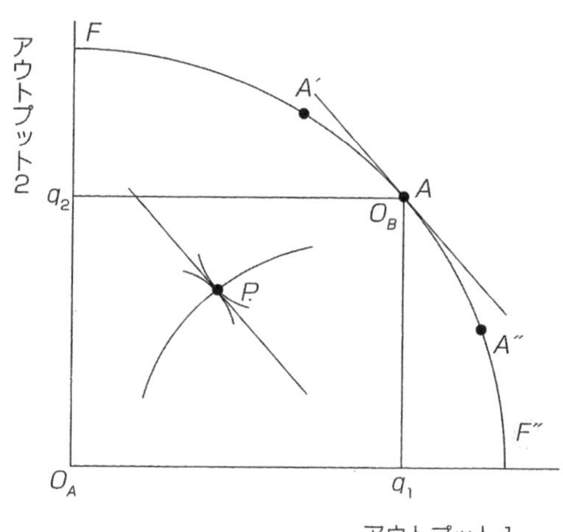

先に所与のインプットを二企業の間に効率的に配分する仕方を見たが、今度は二つのインプットが契約曲線に沿って効率的に配分される時生産される Q_1 と Q_2 の組み合わせをアウトプット 1 とアウトプット 2 を座標にとった図に表してみると、FF' のような曲線が得られる。これは一定の資源制約の下で社会が技術的に生産することが可能な生産物 (Q_1, Q_2) の組み合わせの軌跡を表しており、生産可能性フロンティアとも呼ばれている。フロンティア上の任意の点におけるその傾きはアウトプット 1 の生産を一単位追加するために犠牲にしなければならないアウトプット 2 の大きさを表しており、限界変形率と呼ばれている。このフロンティア曲線が、原点に対し凹型になっているのは､そこに限界変形率逓増の性質が働くからである。そして、この性質は企業の生産に一般的に規模に関する収穫逓減法則が働くことによっている。アウトプット 1 の生産を増加させるには、アウトプット 2 の生産に向けられていたインプットをアウトプット 1 の生産に回さなければならないが、その際、この法則によってアウトプット 1 の生産の増加につれて、追加 1 単位の生産に益々多くのインプットが必要とされるので、益々大量のアウトプット 2 の生産が犠牲にされることになるからである。

それでは、フロンティア曲線上の点 A で生産が行われる時、q_1 と q_2 が個人 A と個人 B の間で適正に配分されなければならないとすれば、その条件とは何か。ここで、上図の原点と点 A を二つの頂点とするエッジワース・ボックスを考え、その中で二人の消費者間への配分を考えることにしよう。すると、交換のパレート最適性を前提にするかぎり、その配分は交換の契約線上になければならないことになる。しかし、契約線上のいかなる配分もパレート最適になるわけではない。そこでは契約曲線上の共通限界代替率が点 ***A*** の限界変形率に等しいものが選ばれなければならない。その理由は両者の値が異なると、パレート改善が可能になってしまうからである。例えば、仮に限界変形率が1で、限界代替率が2である場合を想定しよう。ここでは、消費者の側はすべての者が一致してアウトプット 1 の消費量 1 単位の増加に対し、アウトプット 2 を 2 単位犠牲にしてもよいと考えている。だが、生産者の側ではアウトプット 2 の 2 単位削減によってアウトプット 1 を 2 単位増産できるのであるから、個人 A のアウトプット 2 の消費を 2 単位減少させ、代わりに 2 単位のアウトプット 1 を個人 A の消費に追加することが可能になる。こうした配分の変更 ***h*** は個人 A の厚生状態を改善する変更であり、パレート最適のためにはあってはならない事態である。こうして、パレート最適配分点 ***P*** における限界代替率はフロンティア上の点 ***E*** における限界変形率に等しくなければならないのである[9]。

さらに、家計部門の生産要素の提供と生産物の消費の関係、および企業部門の生産要素の雇用と生産の関係について見れば、生産関数と家計の効用水準が一致するところで効率的配分が決定されなければならない。そのための条件は「限界生産性＝消費と労働供給との限界代替率」ということになる。

C. 価格機構と競争

これで交換と生産の行われる経済におけるパレート最適の資源配分の条件がすべてそろったわけだが、それらはすべて何らかの意味で限界代替率（技術的限界代替率を含む）が消費者ないし企業についてすべて共通であるというかたちをとっている。したがって、それらの限界代替率を相対価格で表すことができれば、効率性価格の推計が可能になる。例えば、図 4-8 の点 A で、効率性価格が p_1, p_2, v および w によって与えられるとすると、そこではそれぞれの価格が限界費用に等しいため、

$$p_1 = MC_1 = (wdl_1 + vdk_1)/dx_1,\ p_2 = MC_2 = (wdl_2 + vdk_2)/dx_2$$

が成立する。この式で分子の $wdl_i + vdk_i\ (i = 1,2)$ は財 x_1, x_2 の追加生産に要する生産要素 L と K の追加増分を表している。

ところで、財 x_1, x_2 の生産が両方ともこの生産可能性フロンティア上にあるなら、当然 $dl_1 = -dl_2$ かつ $dk_1 = -dk_2$ となるため、上の二つの式から $p_1 dx_1 + p_2 dx_2 = w(dl_1 + dl_2) + v(dk_1 + dk_2) = 0$ が成立し、$-dx_2/dx_1 = p_1/p_2$ が得られる。すなわち、上式の左辺が示す二財の限界変形率は二財の効率性価格の相対比に等しくなるのである。ここから効率性価格が生産物についても技術的な限界代替率に関する情報を提供していることが確認できる。さらにパレート最適の条件によって、p_1/p_2 は最終的配分におけるすべての家計のこれら二財に関する限界代替率に等しい。結局、生産された消費財の家計間への配分は、効率性価格を用いて計算された予算制約下において、各家計が効用最大化を達成する時に実現されるものと同じものになるのである。

完全競争均衡で実現される資源配分は、消費の効率性、生産の効率性、消費配分と生産配分の整合性という三つの効率性基準を満たすのでパレート効率的な最適配分であるといえる（＝厚生経済学の第一命題)。また、競争的一般均衡において、消費者選好に局所非飽和性や選好の凸性といった追加的条件を加えれば、初期賦存資源の保有量を家計間で適切に再配分することで、任意のパレート効率的配分が実現可能であることも知られている（＝厚生経済学の第二命題)。この 2 命題は、分権的な意思決定からなる市場機構ないし価格機構の理想形態を述べたもので、完全競争市場の絶対的優位性を明示するものである。いま、n 財市場に家計 h が H 個、企業 f が F 個存在し、家計が保有する生産資源は列ベクトル w_h で、家計 h の企業 f の利潤に対する請求権の割合が θ_{hf} で表わされるとしよう。すると、家計の消費ベクトルは $x_h = \{ x_{1h}, x_{2h}, \cdots, x_{nh} \}$ という列ベクトルで、また企業の生産ベクトルは $y_f = \{ y_{1f}, y_{2f}, \cdots, y_{nf} \}$ という列ベクトルで、そして家計が保有する生産資源ベクトルは $w_h = \{ w_{1h}, w_{2h}, \cdots, w_{nh} \}$ という列ベクトルで各々表現できることになる。ただし、必ず家計は企業の生産活動から分け前にあずかるので $\theta_{hf} \gg 0$ かつ $\sum_f \theta_{hf} x_{fh} = 1$ である。ここで、家計の効用を $u_h(x_h)$ で表し、企業の生産関数を $g_f(y_f) = 0$ で表すことにしよう。こうしたモデルを構築すると、競争的一般均衡は以下の三つの条件を満たしたときに成立することになる。

①すべての家計 h ($h = 1, 2, \cdots, H$) について、x_h^* は予算制約を満たし、かつ同じ予算制約を満たす他のいかなる消費財の組み合わせよりその時の家計 h の効用が大きい場合、すなわち $u_h(x_h^*) \gg u_h(x_h)$ である場合、

②すべての企業 $f\,(f=1, 2, \cdots, F)$ について、企業のアウトプット y_f^* は生産関数 $g_f\,(y_f)=0$ 満たし、かつそれを満たす他のいかなる y_f に対しても $py_f^* \gg py_f$ である場合、

③ n 種類の財のすべてについて需要と供給が一致している場合、すなわち $\sum x_h^* = \sum y_f^* + \sum w_h^*$ が成立する場合、がそれである。

ところで、このような一般均衡は本当に存在するのであろうか。これがワルラスの時代から一大難問であった。もし一意の均衡解が存在するというのであれば、そこでは市場価格がすべての経済主体の活動を調整し、あらゆる財とサービスの市場において需給を一致させることになる。そして、解の存在問題は、ついに 1950 年代にドブリューらにより「不動点定理」を用いて厳密に証明されていくのである[(10)]。

ここで重要な役割を果たしているのが「ワルラス法則 $(p_1 E_1 + p_2 E_2 (p) + , \cdots, + p_n E_n (p) = 0)$ である。いかなる価格ベクトルが示されようと家計の選択は常に予算制約に従ってなされなければならない。いま家計の予算制約をすべての家計 h について合計すると、$p \sum x_h = p \sum w_h + \sum\sum \theta w_{hf} (py_f) = p \sum w_h + p \sum y_f$ が成立し、$p\,(\sum x_h - \sum y_f - \sum w_h) = 0$ となる。ここで財 i に関する超過需要を E_i と置けば、それは $E_i = \sum_h x_{ih} - \sum_f x_{if} - \sum_h w_{ih}$ と表記できるので、ここからワルラス法則 $p_1 E_1 (p) + p_2 E_2 (p) + , \cdots, + p_n E_n (p) = 0$）を導出できるのである。超過需要はそれがある場合も（$E_i > 0$）も、ない場合（$E_i < 0$）もあるが、全体としてはゼロサムになるからである。

【注】

(1) 貨幣の限界効用が一定という仮定は、所得効果を交換分析から排除する点で、ピグーらの厚生経済学にとって重要な仮定をなしていた。貨幣の限界効用が一定だということは、貨幣と任意の財との限界代替率が貨幣所有者の手持ちの貨幣量（＝所得）から全く独立しているということを、すなわち消費者のどんな商品に対する需要も彼の所得とは無関係であることを意味している。だが実際には、これは、その財に支払われる貨幣支出が彼の消費支出全体のなかで占める割合が微小である場合に近時的に当てはまるというにすぎない。なお、貨幣の限界効用が一定である場合の貨幣の限界代替率は、財 $\boldsymbol{x}$ と貨幣 $\boldsymbol{m}$ から成る効用関数 $\boldsymbol{U}$ を考えると $\boldsymbol{MRS_{xm} = MU_x / MU_m = k \cdot MU_x}$（$\boldsymbol{k}$：定数）という形で表現できる。貨幣の限界代替率は、財の数量のみに依存することになるのである。

(2) 実は、既に 1930 年代には、J. フォン・. ノイマンらがワルラスの一般均衡体系について、そこに経済的に意味のある均衡解が存在するか、存在するとすればそのための条件は何かを探求し始めていた。ワルラスの「模索過程」は無条件に一般均衡を実現させるわけではない。また、一般均衡が存在するにしても、それが安定的であるとは限らない。そのためには、超過需要曲線の形状に何らかの条件が必要になると考えられた。そこで発見された代表的な安定条件が、E.H. アローや F.H. ハーンらによる「粗代替性の条件」である。「代替性」とは、代替効果だけに限定して捉えた場合には、ある財の価格の上昇が他の代替財の需要を増加させる関係にあることを指す。これに対し、「粗代替性」とは所得効果が生産に与える効果を含んだ概念であり、ある財の価格の上昇が他の代替財への「超過需要」を増加させる関係にあるとき、そこには「粗代替性」があるとされた。そして、すべての財がこの関係にあるとき均衡は安定することが証明されたのである。ヒックスが「均衡の安定条件」として考察した超過需要の概念は、これにヒントを得ていると推定される。

因みに、この安定性問題のよりリジッドな分析に興味のある読者は、非線形微分方程式を用いて均衡の「局所安定性」を分析した西村和雄の「定係数連続微分方程式の一般解」(「経済数学早わかり」（日本評論社、1982 年）を参照せよ。

(3) 二つの財 ***(X,Y)*** が取引されているならば、均衡条件は ***X*** の供給が ***X*** に対する需要に等しいということであり、また安定条件は「***Y*** で表した ***X*** の価格の下落が ***X*** への需要を ***X*** の供給よりも大なさしめる」ということである。ヒックスは、この安定条件を一般化するため、「超過需要」の概念を開発している。すなわち、ある財の任意の価格における「需要と供給の差」を「超過需要」と呼び、この場合の均衡条件は「超過需要が零である」ことに落ち着くとする。そして､その「安定条件」を具体的には、価格の下落が超過需要を増加させるところに、すなわち「超過需要曲線が下方傾斜」であるところに見出すのである。そのロジックは以下のとおりである。「超過需要（曲線)」も、需要曲線、供給曲線と同様、所得効果と代替効果に分解して分析することができる。価格の下落は需要を増加させ供給を減少させる「代替効果」を惹起する。だからこれは超過需要を増加させる。だが同時に価格の下落は買い手の経済状態を良化し、売り手の経済状態を悪化させるという「所得効果」をも惹起する。このことは所得効果が需要を増加させ供給を増加させる傾向を持つことを意味する。ここでもし、需要側の所得効果（＝需要増加）が供給側の所得効果（＝供給増加）と丁度同じ強さであるならば、超過需要に対する所得効果は相互に消し合い、ただ代替効果を残すのみになる。したがって、この場合には、超過需要曲線は「下方傾斜」でなければならないのである。

(4) ワルラスは、経済的進歩があっても、貯蓄性向、消費性向が一定期間不変である場合には、すなわち新資本が蓄積されてもその生産力効果が発現していないところでは､経済は「静態的 (statique)」であると規定した。彼のいう「静態的」とは、それゆえ、消費や資本の生産力が一定であるという意味ではなく、分析期間中の経済はすべからく静止状態にあることを意味する。ワルラスの均衡は、生産物価格と生産費との均衡を示す方程式やすべての固定資本に対する純収入率均等を表す方程式において、固定資本の用益価格が現在より将来にかけて少しも変化をしないという意味で、「静止状態」にあるのである。生産要素が将来において現在と同一の「相対的価格」を持つというのは「均斉的な進歩的経済」においても可能だが、それはやはり静態的経済の場合に限られることになる。留意すべきは、ワルラスは完全情報と将来価格の完全なる予見を前提に一般的均衡を論じていることである。だが、別段そのような想定は必要ないであろう。各経済主体の主観的な期待ないし予想の下でも「一時的均衡」は構想できるからである。ただし、その場合にはワルラスの均衡は「期待の弾力値が1」という仮定の下での「一時的均衡」ということになる。

(5) 動学の問題は元々、オーストリア学派のベーム・バヴェルクの「迂回生産の概念」を理論的に裏付けるための研究から始まった。彼の理論によると、将来時点で行われる消費を現在時点での消費と比較するためにはそれを「時間選好率」(＝主観的利子率) という尺度で割引く必要があるとされた。現在から将来にかけ消費パターンが変わるときには、主観的利子率たる時間選好率もそれに応じて変化すると仮定されたのである。時間選好の理論は、貯蓄・投資を内生化し、市場均衡の時間的過程を分析するための「動学的枠組み」を形成することによって、パレート最適性を動学的状況の下で検証する作業を可能にしたといってよい。ここでは省略するが、I. フィッシャーが、主著「利子論」のなかで時間選好理論を展開している。消費が現在から将来にかけて行われる時、経済主体の価値基準をどのように定式化したらよいかという問いに答えているのである。

この静学と動学の二元論は、J.A. シュンペーターを悩ました問題でもある。彼は静学に対し外部から動学的な技術革新の概念を「接ぎ木」しようとして失敗している。サミュエルソンは、静学を動学の退化した特殊なケースとして捉えるのではなく、動学を「静態的でない体系全体」とし、「ある体系の時間を通じての行動が汎関数方程式によって決定される場合、もしこの汎関数方程式が「異時点における変数」を不可欠なものとして含むならば、その体系は動学的である」と定義した。その上で、R. フリッシュに学びながら、価格の変化率を「需要と供給の差の関数」として取り込み、差分・微分方程式を用いて動学的な均衡にアプローチするのである(「経済分析の基礎」佐藤隆三訳、勁草書房)。ヒックスの一時的均衡体系の静学的な安定化条件論を批判して、動学的な安定化条件を構築しようとしたのである。だが、それはヒックスに比べ一段と機械論的なものになっており、ヒックスはサミュエルソンのそうした試みを経済主体の主意性や行動を軽視した「メカニカルなもの」と辛口に批評をしている。結局、経済動学は新古典派総合の R. フリッシュや P.A. サミュエルソンにより方法的に基礎づけられ、マクロの国民所得分析で確立を見るのである。

(6) なお、パレート最適点が無数にあるなかで契約曲線上の一点に収束することの証明は幾何学だけではなく、代数学でも示せる。それは、価格比＝限界代替率の公式に、需給一致条件を加えることで与えられる。以下、二人二財の交換経済モデルでこれを検討してみよう。A と B の二人が初期に $(\bar{x}_A, \bar{y}_A)$ と $(\bar{x}_B, \bar{y}_B)$ を保有していると、二人の所得はそれぞれ $I_A = p_x\bar{x}_A + p_y\bar{y}_A$, $I_B = p_x\bar{x}_B + p_y\bar{y}_B$ となる。ここで二人が同一の効用関数 $U^A = U^B = xy$ を持っていると仮定しよう。すると、ここで予算制約の下での効用最大化問題を解けば、限界代替率が価格比に等しくなる公式を導き出すことができる $(\partial U_i/\partial x_i)/(\partial U_i/\partial y_i) = p_x/p_y$。パレート最適の配分は契約曲線上にあるが、これだけでは契約曲線上のどの点に決まるかまではいえない。そのためには、この条件に需要供給の一致条件、すなわち、$x_A + x_B = \bar{x}_A + \bar{x}_B$, $y_A + y_B = \bar{y}_A + \bar{y}_B$ が追加されなければならない。すると、次のように契約曲線上の 1 点を選び出すことができる。各人の需要関数は、上の式から $x_i = I_i/(2p_x)$, $y_i = I_i/(2p_y)$、ただし、$i = A,B$ となり、需給の一致条件から、$I_A/(2p_x) + I_B/(2p_x) = \bar{x}_A + \bar{x}_B$, $I_A/(2p_y) + I_B/(2p_y) = \bar{y}_A + \bar{y}_B$ が成り立つ。したがって、$p_x/p_y = (\bar{x}_A + \bar{x}_B)/(\bar{y}_A + \bar{y}_B)$ となる。こうして均衡価格比が決まり、完全競争が契約曲線上の一点を選び出すことがわかる。以上は、交換経済に限定した議論であるが、生産を含めた場合にも、同じ結果が得られる。

(7) 市場均衡を二人のオファー曲線の交点 E で捉えることもできる。まず、一人の消費者が 2 財の一定量 $\bar{A} = (\bar{x}_1, \bar{x}_2)$ を初期保有する簡単なモデルでこれを考えてみよう。ここで交換を行う消費者は、与えられた価格の下で効用が最大化するよう市場で一部の財を売って他方の財を買い増すものとする。初期保有財の所得額を予算制約 $(p_1x_1 + p_2x_2 = p_1\bar{x}_1 + p_2\bar{x}_2)$ に、効用最大化を図ると、価格が変わるごとにその予算式は $\bar{A}$を

図 4-9(A)　オファー曲線

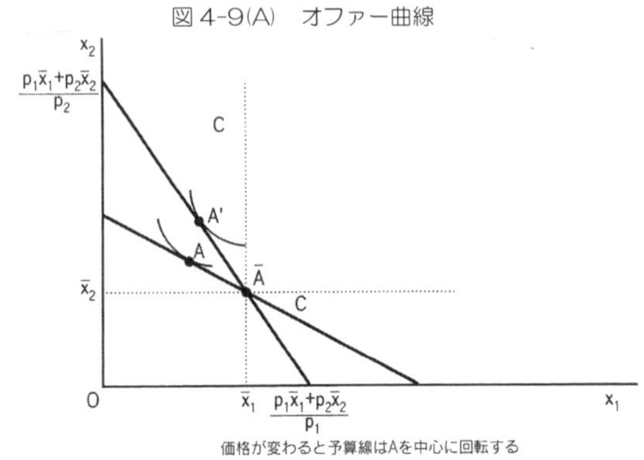

価格が変わると予算線はĀを中心に回転する

図 4-9(B)

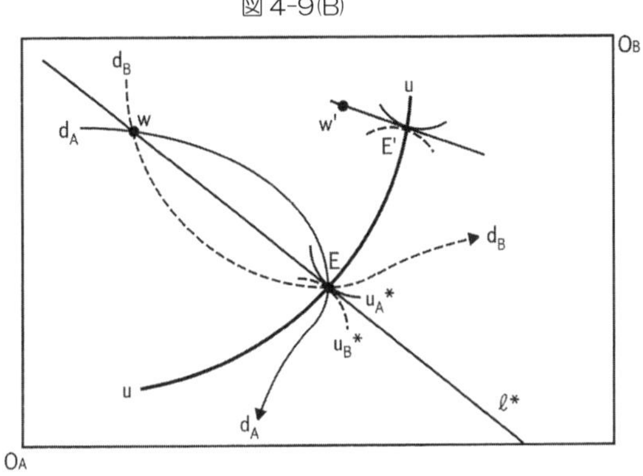

中心に回転することになる。このとき、それぞれの予算線の下で効用の最大化点（すなわち需要）を辿った軌跡がオファー曲線を形成するのである（図 4–9(A)）。

ついで、二人の消費者 (A,B) が登場するケースを考えてみよう。図 4–9(B) の点 ***w*** の座標は交換者 A の初期保有量であり、それを $(\bar{x}_1^A, \bar{x}_2^A)$ と定めよう

すると、A の予算制約式は、$p_1 x_1 + p_2 x_2 = p_1 \bar{x}_1^A + p_2 \bar{x}_2^A$ となる。点 ***w*** は、O_A を原点とするときの点座標であり、上の予算制約式をなす直線 l^* 上にあるが、価格が変わると、この

直線は点 w を中心に回転することになる。同じ図で、O_B を原点とするときはどうか。今度は点 w の座標は消費者Bの初期保有量になり、それを $(\bar{x}_1^B, \bar{x}_2^B)$ とすると、二人の予算線は上図のなかの同じ直線で表示され、Bの予算制約式は、$p_1x_1 + p_2x_2 = p_1\bar{x}_1^B + p_2\bar{x}_2^B$ となる。これも w を通る直線で、価格が変わると w を中心に回転する。こうして共通予算線がAの無差別曲線と接する点がAの需要となり、Bの無差別曲線と接する点がBの需要となるのである。この図では d_A が消費者Aのオファー曲線、d_B が消費者Bのオファー曲線ということになる。この二人のオファー曲線の交点 E では、同じ価格の下での需要の和が総供給と等しくなるので、ここが市場均衡ということになる。この図の d_A が消費者Aのオファー曲線、d_B が消費者Bのオファー曲線ということになる。二人の2財への需要量の和が総供給量一致するのは、二人の需要が上図の点 E で表される場合だけである。なぜなら、その時にのみ、2財への需要量の和がボックスの横ないし縦の長さと一致するからである。このとき、二人の需要点はオファー曲線の交点 E にあり、かつそれは契約曲線上にもあることになる。共通接線たる予算線 l^* は、そのとき均衡価格 (p_1^*, p_2^*) をその傾きの係数とするのである。

上の消費者Aの予算制約式 $p_1x_1 + p_2x_2 = p_1\bar{x}_1^A + p_2\bar{x}_2^A$ の左辺に、需要 (x_1^A, x_2^A) を代入し、右辺を左辺に移してみよう。また消費者Bの予算制約式 $p_1x_1 + p_2x_2 = p_1\bar{x}_1^B + p_2\bar{x}_2^B$ についても同じ操作を繰り返し、両者の和をとると、$Z_j = x_j^A + X_j^B - (\bar{x}_j^A + \bar{x}_j^B)$、$j = 1, 2$ という、第一財と第二財の超過需要関数を得ることができる。ワルラスのいう市場均衡はすべての財の需給が過不足なく一致する場合を指すので、そうなると、$p_1z_1 + p_2z_2 = 0$ がワルラス法則ということになる。

契約曲線上の点はパレート効率的なので、市場均衡における配分はパレート効率的であると言え、これを厚生経済学の第一定理と呼んでいる。市場均衡では、価格を通じて、すべての消費者の限界代替率が一致する、すなわち $p_1^*/p_2^* = MRS^A = MRS^B$ が成り立つ（→消費の効率性条件）。逆に、契約曲線上の任意の点 E' をとると、その点を市場均衡とするような価格と、初期保有点 w' を探り出すこともできる。契約曲線上での二人の無差別曲線に接する直線を予算線にして、その係数を価格で表わし、その直線上に初期保有点 w' を置けばよいのである。最初の初期保有点である w が w' と異なっていても、二人の初期保有量の配分を変えて、いわば再配分して w' となるなら、配分 E' も市場均衡として実現されることになるのである。財の総量が所与として与えられているかぎり、パレート効率的な配分は、適当に初期保有量を再配分しても、やはり経済の市場均衡になるのである（＝「厚生経済学の第二定理」）。

オファー曲線は、消費者の効用を、①所得と余暇の関係を考慮に入れるかたちで（＝後方屈曲線）、消費者の無差別曲線を把握可能にした点で、また②契約曲線と需要との連携を明確にした点で、総じて厚生経済学の二つの命題を明確にした点で、パレート最適の概念を補強するものであった。

(8)「限界費用＝価格」の概念は、幾何学的な手続きを踏まなくても、代数学（偏微分）を使って簡単に導くことができる。完全競争市場で企業が利潤最大化を追求すると、利潤式 $\pi = pq - (vk + wl)$ が得られる。これを $\pi = pq - C$ と書き換え、この式を q に関して微分すれば、$\pi' = p - C' = 0$ となり、価格＝限界費用が導かれる。

(9) これには、効用可能性フロンティアを用いて解くやり方もある。消費者が一人である場合（例えば、消費者 j）、彼は自分の無差別曲線とこの生産可能性曲線が接する点 E で、生産物 q_1 と生産物 q_2 を購入し効用を最大化する（図 4-10）。そこが彼の効用が最大になるポイントだからである。ここでは、生産可能性曲線の限界変形率 MRT と当の消費者の限界代替率 MRS^J が等しくなる（$MRT = MRS^J$, ただし、$J=1,2$、…）。

生産物の価格が P_1 と P_2 で与えられると、生産可能性曲線上で最も高い価値を生む生産物の組、すなわち曲線上で傾きが P_1/P_2 となる点 Q で r_1, r_2 が生産される。

他方、消費者は生産物の量 Q を初期保有量とする予算制約式 l の下で効用を最大化する点 C を選択するが、供給量 $(=Q)$ と需要量 $(=C)$ は一致しない。結局、需給が一致するのは、価格が点 E を通る接線 l^* の係数に等しい場合に限られることになる。

それでは、消費者が複数いる場合にはどうなるのか。例えば、二人いる場合には、2 財をどのように配分すればよいのか。

図 4-10 消費と生産の効率性

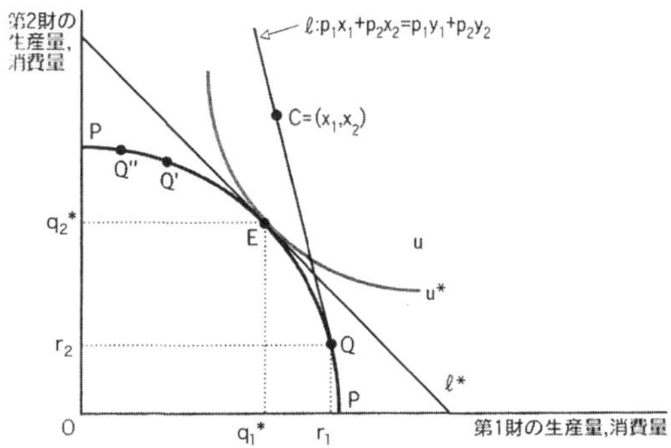

消費者が2人であれば、生産と消費の効率性が満たされる生産量の組と効用の組も無数あることになる。生産の契約曲線上での組が生産可能性曲線を形成したように、契約曲線上での消費者の効用の組は効用可能性曲線を描くことになる。ここで図 4-10 の生産可能性曲線上の1点 ***Q*** を選ぶと、その生産量の組 (r_1, r_2) を横と縦の長さにするエッジワース・ボックスを描くことができる。契約曲線上での「生産量の組」が生産可能性フロンティアを描いたように、契約曲線上の「効用の組」は効用可能性フロンティアを描く。いま、点 ***Q*** の生産量の組 (r_1, r_2) を横と縦の長さとするエッジワース・ボックスのうえで、二人の消費者が二財を分け合う契約曲線を求める。その契約曲線上の効用の組が、図 4-11 で曲線 ***uu*** を描くものとしよう。この曲線が効用可能性曲線である。次いで、別の点 ***Q´***（図 4-10）を選び、その生産量の組 (r_1', r_2') をボックスのサイズとして、同じように契約曲線を求めると、今度は新たに図 4-11 で効用可能性曲線 ***u´u´*** を得ることができよう。生産可能性曲線上のすべての点に対応するかたちで効用可能性曲線群を描くことができるわけだが、その包絡線を求めると、(太い曲線 ***UU***) がひける。これがいわゆる効用可能性フロンティアであり、パレート効率的な配分から得られる「効用の組」ということになる。

図 4-11 の曲線 ***UU*** が、いわゆるパレート最適な「効用の組」の集合を表現する。効用可能性フロンティアであり、曲線上

図 4-11　社会的効用関数

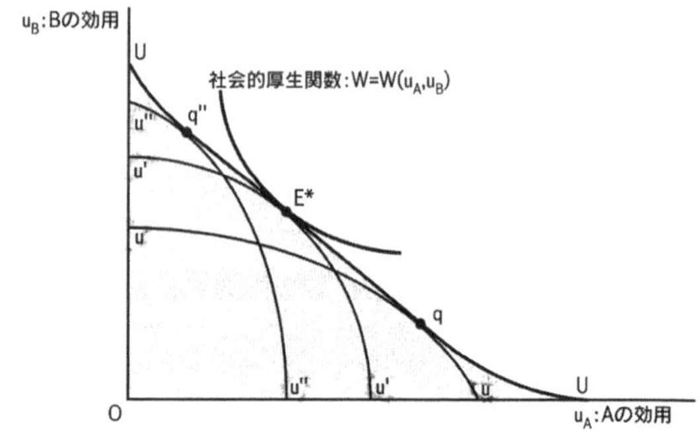

の一点、例えば q を選ぶと、その背後にある生産量の組 $Q=(q_1, q_2)$ が決まることになる。だが、問題はこの UU 線上にある各点についてはいずれもパレート効率的な配分ないし効用ということで、もはや相互に優劣を決めることができなくなっている。ここにパレート最適概念の限界が露呈するのである。

この UU 上ではいずれの点もパレート最適であり、もはや相互比較は意味をなさない。このアポリアに突き当たり、すべての効用の組み合わせに順序付けができるような関数、すなわち社会厚生関数 $W(U_A, U_B)$ の探求が始まったのである。そこで相互に順序付けが可能で、社会的にも最適であるような関数としてベンサム型、バーグマン型、サミュエルソン型の社会厚生関数が開発されたが、個人間の効用の比較不可能を前提におくかぎり、すべての経済主体が納得するような関数を見出すのは難しい。実証経済学の問題となるパレート効率性の概念と異なり、異なる個人の効用をランク付けし、比較評価する社会的厚生関数では、ロールズの正義論（最底辺の人々の厚生が改善されないかぎり、社会厚生は向上しない、といった）のような何らかの価値判断が必要とされ、規範的経済学の世界に踏み込まざるをえないのである。

(10) 1950 年代に入ると、L. マッケンジーは、超過需要関数を集合値関数として組み立てれば、ワルラスのような方程式体系を使わずとも、その関数の「非空、コンパクト性、凸性」から「一意の均衡解」の存在を論証できると主張した。だが、厳密な論証を行うためには、集合、行列・ベクトル、トポロジー、微分方程式などの数学的な発展が、そして何よりもL.E.Jブラウアーや角谷静雄による「不動点定理」の発見が必要であった。

具体的には、①超過需要関数を連続関数とし、それに定義とイメージを与え、②トポロジーの写像理論で、「関数」(1対1写像)と「対応」の関係に触れ、③その位相理論で位相同型と逆写像の問題に言及したうえで、最後に④不動点定理を用いて均衡解の存在を証明するというやり方が模索された。

K. アロー、G. ドブリュー、E. マランボーらがこの解の存在問題に取り組んだことで、一般均衡論は数学的に精錬・彫琢され、見事に完成を見たのである。

因みに、E. マランボーは、l次元ユークリッド空間中の「直方体Z」を考え、そのZを、固定した上限・下限を持つ不等式$(u_h \leqq z_h \leqq v_h)$を満たす空間内のすべての点から成る空間と定義し、直方体Zからそれ自身に投射された連続関数$\phi(z)$が与えられるとき、Zの中に$\phi(z^0)=z^0$を満たすベクトルz^0が存在するという「ブラウアーの不動点定理」を用いて、均衡解の存在を証明しようとした。もしすべての消費者iについて均衡が存在し、それが非負のpかつpに関して連続な需要関数$\xi_{ih}(p ; R_i)$によって一意的に定義されるならば、$\sum_i \xi_{ih}(p^0 ; R_i) \leq \omega_h$を満たす非負の$p^0$が存在することを明らかにしたのである。彼は個人$i$の「消費の実行可能性集合$X_i$」を彼の「生活最低水準」を保証するものとし、一般均衡が存在するためにはこの「生存条件」がみたされていなければならないとした。財と価格のベクトルからゼロを除いた上で、「一意の均衡解」の存在を証明せんとしたのである。

これに対し、G. ドブリューは、フォン・ノイマン、角谷、J. ナッシュの3人の研究成果を継承するとことわりながら、次のように均衡解の存在を証明している。いま二つの集合U,Vおよび各元$u \in U$にVの非空・部分集合$\rho(u)$対応せしめる、UからVへの対応ρが与えられている。ここで「Dをユークリッド空間の非空・コンパクト・凸部分集合とし、DからDへの「対応ρ」は凸値でグラフが閉じている」とすると、「このとき$d^* \in \rho(d^*)$を満たすd^*が存在する」という不動点定理が使えることになる。彼はワルラス均衡問題の「簡単な雛

型」(商品の数 l 個、消費者の集合 A が有限な交換経済) を作って、これを証明したのである。ここで、消費者 $a \in A$ の消費は x_a、価格体系 p は l 個の正の数から成るベクトルである。p に関する x_a の価値は内積 $p \cdot x_a$ で表されるとしよう。ここで価格ベクトル $p \in P$ と彼の富 $w \in L$ とが与えられると、消費者 a は予算制約を受けつつ ($p \cdot x_a \leq \omega$；ただし、ω はこの消費者初期保有量である)、効用の最大化を追求する。ドブリューは、先ず価格ベクトル p を厳正に正の数から成るものとして基準化し、消費者の行動を単位球面 $S = \{ p \in P \mid \|p\| = 1 \}$ のうち厳正に正象限に属する部分に限定する。ついで、価格と富の組み合わせ $(p, w) = S \times L$ が与えられたとき、消費者 a は非飽和的であり、R^l_+ における消費ベクトル $f_a(p, w)$ を需要し、彼の需要関数は連続であると仮定する。加えて、経済 ξ の描写を全うするため、すべての $(p, w) \in S \times L$ について、$p \cdot f_a(p, w) = w$ が成立することを確認しつつ、消費者 a の初期賦存量ベクトル $e_a \in P$ を特定化する。すると、消費者 a の特性は組 (f_a, e_a) で与えられ、経済 ξ はそのような組のリスト $(f_a, e_a)_{a \in A}$ ということになる。ここで価格ベクトル $p \in S$ を考えれば、これに対応する消費者 a の富は $p \cdot e_a$、彼の需要は $f_a(p, p \cdot e_a)$ となる。ドブリューは、ここから経済全体の超過需要を推定し ($F(p) = \Sigma [f_a(p, p \cdot e_a) - e_a)]$、ワルラス法則 $[p \cdot F(p) = 0]$ を用いて解を導くのである。

すなわち、超過需要関数 F は S 上の連続ベクトル場にあり、そのすべての座標は下方有界で、ワルラス法則と境界条件 (S の点列 p_n が ∂S の点 p_0 に収束するならば、$F(p_n)$ は非有界) を満たすならば、均衡は存在することを証明したのである。これらの詳細は、E. マランヴォー「ミクロ経済理論講義」(林敏彦訳、創文社、1981 年)、G. ドブリュー「価値の理論」(丸山徹訳、東洋経済新報社、1977 年) を参照。

一般均衡解の存在に関する解は、従来の経済学の中や代数学的な方程式体系によるアプローチの延長上ではなく、集合論、位相幾何学、微分方程式等の数学の発展によっていわば外部からその証明の道が与えられたのである。なお、不動点定理の解説を含む一般均衡論のわかりやすい解説については、J.M. ヘンダーソン・R.E. ケント「現代経済学」(創文堂 1973 年)、J. カーク・R. サポスニック「一般均衡理論と厚生経済学」(田村他訳、東洋経済新報社、1971 年)、西村和雄「経済数学早わかり」(日本評論社、1982 年)を参照のこと。因みに、西村は、超過需要関数 ***Z (ρ)*** の設定 → この関数のゼロ次同時性とワルラス法則の利用 → 微分方程式 ***p = z (ρ)*** とヤコビ行列を用いたその安定性の確認といった具合に、この問題を解いている。彼の計算式は、均衡解の存在に「幅」を持たせている点(近辺集合の 1 対多写像の容認)で、他に秀でている。

理論が複雑多岐にわたるので、戸惑う読者も多いと思われる。そこで最後に、均衡解の存在について西村とカークらの、イメージ図を、掲載しておく(図 4–12)

図 4-12(a) 西村

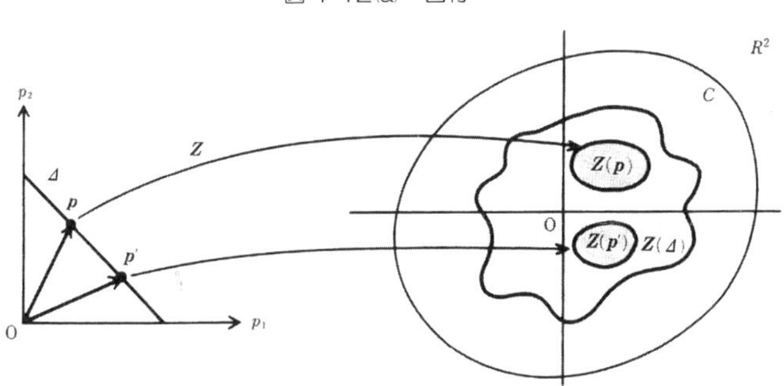

図 4-12(b) カーク

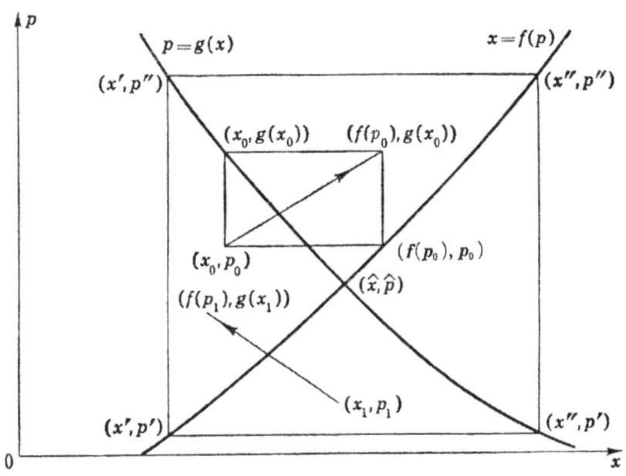

第五章

経済学古典の到達点

A. 宇野経済学の核心と近経の宇野理論批判

宇野経済学の核心は、ユニークな純粋資本主義論に集約される。宇野は、マルクスの「下向の道」と「上向の道」という方法論に依りながら、多くの経済学説が「最も抽象的な最も単純な概念」を「商品」ではなく「財貨」とし、そこから説き起こしたため資本主義社会の基本的性格を見失うことになったと従来の経済学を批判し、それをマルクスのように「商品」で掴むと、「上向の方法」によって、最後に到達する「人口」は資本主義の階級的諸関係を表す「諸階級」になるとして、マルクスの「上向─下向」の方法を弁護した。そして、こうした「上向の方法」について、それは17、18世紀の経済学が辿ってきた歴史、すなわち「ただ具体的なものを自分のものにするための……思考にとっての仕方にすぎず」、「現実の主体はつねに頭脳の外側に、その自立性を保ちつつ存在しつづける、……だから理論的方法においても社会がいつでも前提として表象に浮かべられていなければならない」とマルクスの唯物論[1]を正面から受け止め、是認したのである。すなわち、そこで分析の前提とされる現実の資本主義社会自身が「実は歴史的に生成し、転化しつつあるもの」であって、それがマルクスの時代には、分析者の「頭脳の外側」にあって､その自立性を保ちつつ益々「純粋資本主義に近似」していく傾向にあった。したがって、その純化傾向に則って経済学の原理は構築されるべきである。だが、金融資本の時代の到来をもって、資本主義のこうした純粋化傾向は阻害・逆転（＝中小企業の温存、中間階級の増大）されることになった。宇野はこの歴史的事実を重視し、経済学原理論は「発展期の資本主義の純粋化の傾向を客観的な基礎にして、商品経済が一社会を全面的に支配する論理としてのみ展開されうる」と論じたのである。

資本主義もそれが一社会体制として成立するためには、古代･中世と同じく「物質的生活資料の生産､再生産」(＝経済原則)をその基礎としなければならない。ただ、資本主義ではそれが商品関係を通して行われることになる。したがって、経済学がこの特殊歴史的な形態を明らかにすれば、そのことを介して古代、中世にも経済原則を実現する特有な社会形態があることを想起せしめ、それらがいかに資本主義と異なるかを明確にする基準が与えられることになる。いかなる社会も人間の物質的生活資料の生産、再生産を基礎とすることなくして存在しえないという経済原則、これが基底に存在するからこそ、それを実現する「特殊な形態」が問題になるのであって、宇野は、資本主義社会をこの経済原則を商品形態という最も単純な形態を通して実現する社会、すなわち初めて政治的、宗教的な外皮を取っ払い、経済原則を法則的に実現する社会として解明したのである。

宇野は「経済政策論」で、資本主義の歴史像を、①その「発生期」、すなわち17、8世紀の商人資本の時代、②「成長期」、すなわち18世紀後半の産業革命から19世紀70年代までの産業資本の時代、③「爛熟期」、すなわち第一次世界大戦に至る金融資本の時代、④それ以後の現代資本主義に分けて、俯瞰している。支配的資本—経済政策・財政—国家形態のトリアーデで段階論を展開しているが、「経済原論の対象をなす純粋な資本主義社会」は、この歴史過程のなかの産業資本の時代に、しかも具体的にはイギリスにおいて「最も近似的に見出されるにすぎない」としている。

それではなぜ、時期的には一世紀にも満たぬイギリスの自由主義期を分析対象にして純粋資本主義論の抽象が可能なのであろうか。宇野は、これを、「対象模写論」で説明している。すなわち、経済学は、分析主体の個人的な模写や観念ではなく、当時のイギリス資本主義そのものが旧社会関係を資本家・労働者・地主という三大階級に再編・純化していったという対象自身の抽象を模写するものにほかならない。アダミ・スムスからリカードに至る経済学の歴史（＝三大階級と分配論）は無意識的にこれを反映していたというのである。純粋資本主義とは、分析者の恣意や観念を超え、対象自身が自ら行ったところの歴史的な抽象なのであって、そこに経済学認識の客観性を保証する唯物論的根拠があるというのである。ここから出てくる結論は、資本主義を模写する経済学体系は政治・法律・宗教等の他の社会的諸関係から独立した自律性を有し、またその経済学認識に完全性（商品から「資本の商品化」に至る自己完結的・円環的な論理体系）を要請するということである。資本が自律的運動体であるかぎり、それは自分の存立条件を自分自身でつくっていくものでなければならないわけで、そこで要請されるのが、「前提が結果によって措定されるという関係」の証明（＝弁証法）ということになる。

もちろん、価値法則は永久的な法則ではない。「しかし、永久的に運動するかの如くして」論証するしか方法はないのである。これが宇野価値論の核心をなすと同時に限界をなす認識である。上述の対象模写論は、自然科学における「顕微鏡」や「化学的試薬」にとって代わる経済学の「抽象力」とは何かを考える場合、きわめて重要なポイントをなす。この抽象力は旧社会の残滓に関するかぎりでは、発展期の資本主義がそれ自身持っており、経済学はそこでの資本主義の純粋化傾向に依拠しないかぎり自然科学の「実験装置」によって得られるような「純粋な状態」を想定できないと考えたわけである。純粋資本主義は、「資本主義自身が益々純粋の資本主義社会に近接しつつ発展してきたという」イギリスにおける歴史進行の「事実」によって「客観的に基礎づけられている」。資本主義のこの歴史的な純化傾向に想定する以外に、旧社会の「残滓」（＝「不純物」）を除去する方法はないというのである。このことの持つ重要な意義は、帝国主義時代に入ると、一方では高度な金融資本の発展を見ながらも、他方では小生産者的な商品経済の残滓を永続せしめるといったかたちで、この傾向が阻害・逆転されることからも明らかである。資本主義の爛熟期における純化傾向の逆転現象が逆に経済学方法論における純化傾向の重要性を逆照射しているというのである。現実の資本主義の経験事実に基づいて経済学の理論を構成するといっても、それだけではせいぜい「理念型」を構成するというにすぎず、そこには分析者の価値判断や主観的・恣意的な規定が混入せざるをえない。純粋資本主義を想定しないかぎり、自然科学の「実験室」に対応するような理想的な「資本主義像」を得ることはできない、というわけである。

宇野は､近代経済学を「商品経済的形式を超歴史的に原理化」しようとするものと批判し相手にしなかったが、それでは近代経済学の方では宇野理論をどう評価したのか。以下では、いわゆる近代経済学によるマルクス・宇野批判に簡単に触れておく。まず、パレートのマルクス批判を見てみよう。それにはマルクス理論の歴史的かつ現実的妥当性を疑問視するものと「資本論」の論理的整合性を問うものとがあるが、彼のマルクス批判は、オーストリア学派のベーム＝バヴェルクによる「価値と生産価格の矛盾」をめぐる価値論論争をはるかに超え、「マルクスの全体系」に及ぶものとなっている。パレートは「社会主義体系」なる社会主義批判の書を 1901-2 年に刊行し、その最後の二章で「マルクス経済学」と「唯物史観」を取り上げ､ベーム＝バヴェルクによるマルクス「蒸留法」批判と同じく、マルクスの冒頭価値の論証方法を一面的な「消去法」と厳しく批判している。彼は、この期にはワルラスの「限界効用理論」を最終的に放棄しており、改めて新しい価値論を築くことはなかったものの、マルクスの労働価値説についてはそれを「商品の価値をそれに体化されている労働量」によって測るリカード経済学の「亜流」にすぎないと酷評している。彼が問題にしたのは、強度、熟練度、および目的を異にする個別労働を相互に比較するには、それらを何らかの単一の共通単位に「還元・通約」しなければならないが、そうした還元・通約ははたして可能かということであった。異なる生産手段を用いて同一商品を生産する二労働の比較や二種の商品を生産する二種の異質労働の比較となると、もはや市場価値を媒介することなくして、二つの労働相互間の同等性は確定しえないのではないか、というのである。しかし、資本家的生産方法を考慮に入れれば、機械制工業自体がそうした「還元・通約」装置になっているのであり、分析対象自身が抽象してくれているのでそこに「困難」はない。英国の機械制大工業は、分析者の眼前で労働力を単純化し、それを介して複雑労働、異質労働の単純労働へと「還元・通約」していたのである。パレートのマルクス批判は、オーストリア学派のマルクス批判と同様、所詮先進国の近代産業を経験できなかった後進国の経済理論でしかない。パレートは、交換価値が投下労働量のみの関数と考えられるようなケースは、他の諸品への投下労働諸量が一定不変であるような場合に限られるとし、需要量と価値との間に相互依存関係（＝商品間の代替関係）が存在し、また技術体系と価値体系との間に相互依存関係（＝生産者の技術ないし固定的生産係数の選択）が存在している以上、価値と労働との間に「一義的依存関係」や「対応関係」が存在するとはいえないと主張したのである。パレートにとっては、ベーム・バベルクのいう「価値と生産価格の矛盾」や「転形問題」すら最初から存在しなかった。価値は始めから相対価格として定義されており（＝価値の実体概念への懐疑)、それ以上「交換の事実」を掘り下げる必要性を感じなかったからである。マルクスは、商品の価値を投下労働と消費される不変資本の価値の「関数」としているが、資本の価値はそれ自身が「諸商品の価値の関数」なので、諸商品の価値をその生産費によって決定しようとするのは「循環論法」でしかない。商品価値と資本価値の間には相互依存関係があり、両者は同時に決定されているはずだ、というのである。

パレートのマルクス批判の背後には、「没価値」の方法を志向する独特の科学方法論にあったといってよい。彼は、経済学は経済的事実を取り扱う「一種の力学」であるとし、ワルラスの主観価値論から徐々に離れていく。「単なる事実」たる「力学的事実」と「価値判断」を伴う「経済的事実」とでは、同じ事実といっても意味が異なるとするクローチェなどからの批判を避けるため、彼は「オフェリミテ（＝経済厚生）」という概念を構築し、それを「真に人間に利益をもたらし、人類の進歩に寄与する属性」を持つ「価値判断を含まない効用」と定義する。経済現象は人間の行為の相互依存的関係の総体であり、(目的関数の合成たる）客観的システムと（価値判断評価関数の合成たる）主観的システムから構成されているが、「オフェリミテ」概念を用いれば、後者は切離できると考えたのである。また実際、一般均衡の諸条件の分析に関しても、彼は「主意的な効用・利潤の最大化」という経済主体による「選択の事実」からのみ出発し、その動機や意味を深く問う必要はないと主張する。パレートは、ワルラスのように「快楽や苦痛に関する計算をする必要は全くない」として、彼の限界効用説を功利主義的な俗説として斥けるようになるのである(2)。

そんなパレートにいわせれば、マルクスの「資本論」など「労働者階級のための経済学」でしかなく、いわば「イデオロギーの産物」でしかなかった。だが同時に、彼はマルクスの唯物論的な価値論を経済主体の主観的要素が果たす役割を軽視しているとも批判している。マルクスは冒頭価値論の段階で商品価値はあたかも「客観的」に定まっているかのようにいうが、実は交換価値は「主意的なもの」であり、マルクスの「実念論（＝唯物論）」が経済主体の主観的な要素が持つ重要な役割を等閑視させている、というのである。このマルクス批判は宇野による価値形態論の復権にも通底する優れた批評であったといってよい。因みに、このときパレートは「私は、根っからの唯名論者です」と述べている。

次いで、宇野理論に理解を示した近代経済学者、関根友彦教授の宇野理論に対する「注文」を瞥見しておこう。関根友彦教授は、「近代経済学とマルクス経済学の方法（上）（下）」（「社会科学の方法」、お茶の水書房、1973 年 12 月号、1974 年 1 月号）で、「広義の経済学」を打ち立てるべく、宇野理論における法則と原則の関連把握を見直し、経済学の「開放系」をめざすべきだと主張している。

関根は、宇野理論の解説書に「経済原則の何たるかを正面から分析したもの」が見当たらないとし、宇野の経済原則の解明に入っている。流通論と生産論を「滅却」した「分配論」は超歴史的一般性を有していると考え、これを経済原則の解析に必要な「前提」とする。「価値法則は資本主義に特有な形態を通じて一般的な経済原則を貫徹するもの」とされ、このことが明示的に現れるのは、①人間が自然に働きかける「労働過程一般」、②生産手段と生活手段の実物的な相互依存関係を表現した「再生産表式の基本公式」、および③資本家的競争を通して産業諸部門間に資源が配分される「平均利潤の法則」という三つの場合であるが、これを近代経済学の視点からみると、順序が逆転して③は「資源の最適配分」の問題に、②は価格均衡に双対な物量均衡を巨視的に捉えた「一種の産業連関表」の問題に転移されることになる。だが、残る①の問題は「もっと概念的なものであり、注意深い検討が必要」とされる。「労働過程」はあくまでも「資本の生産過程」の一側面としてとらえられるべきであって、これを「生産過程一般と解釈するのは適当ではないように思われる」、というのである。そうした理解は、経済原則を直接に分析対象として設定する新古典派生産論の「生産函数なる概念」と何ら異ならない。だが、「生産過程一般」は既にみたように労働力の商品化を介した商品形態による労働過程の「包摂」の結果として抽象されるものであり、そうして抽象された生産過程が労働過程を生産物の観点から結果的に包括した概念なのであって、断じて資本家的生産の「一側面」ではない。

関根教授は、流通論と生産論を切り離した分配論で、宇野理論と近代経済学を統合できると考えているのであるが、新古典派が本来的に経済原則の解析を志向しているなどとは到底いえない。限界効用理論は商品の価値・価格を説明する主観価値論であったし、限界生産力説は、利潤、地代、賃金をそれに対応する資本、土地、および労働の限界生産力で説明しようとするものであった。新古典派では経済法則と経済原則は明確に区別されないまま渾然一体に論じられているだけであって、この点では新古典派と宇野理論とは「水と油」の関係にあるといってよい[(3)]。

もし宇野理論に問題が残っているとすれば、それは次の三点に纏めることが出来よう。第一に、商品交換ないし商品経済は共同体にとって外来的、異質的なものと捉えてよいかという根本問題である。これは、ほぼ同時代を生きた経済学者が自覚的にせよないし無自覚的にせよ、同じ歴史的模写に依拠しながら、なぜマルクスだけが他の古典派経済学者と異なり資本主義を特殊歴史的な社会として認識できたのかという問題に繋がっている。アダム・スミスを持ち出すまでもなく、それを「人間の交換性向」と捉える見方もあり、その場合には資本主義は人間の本性に則った自然的秩序のように映じることになる[(4)]。第二の問題は、やはり対象模写論である。模写論はなぜ発展期にとどまり、爛熟期を模写できないのかという問題である[(5)]。そして、第三は、宇野原理論に残存する「資本の論理」とって外的な夾雑物—階級闘争など—の存在である。言い換えれば、労働日の決定や中央銀行の役割、土地国有化の問題において顔を出す階級闘争や政治・法律的な諸関係を原理論になかに内部化するか、それとも排除するかという問題である。マルクスのマハト・テオリー（勢力説＝階級闘争論）をどこまで市場の論理に包摂できるのかが、問題になるのである。

B. 一般均衡理論と方法論

ローザンヌ学派の一般均衡論は、個人主義・自由主義の立場から出発している。私有財産制度、分権的な市場経済制度、主観的価値基準（＝効用）の独立性、経済人の合理的行動を不可欠の前提としているのである。そのエッセンスは、次のように纏めることができる。すべての産出物と生産要素について、ある一つの市場価格体系が与えられたとき、各生産者は利潤が最大になるように生産技術を選択し、生産要素の組み合わせを決定する。またそれによって、各生産要素に対する需要量も決まってくる。これに対し、消費者（企業家を含む）は、所与の賃金と商品の価格体系の下で、それぞれ所有する生産要素（産出物）をどれだけ供給するかを決め、それによって得られる所得で、各生産物（生産要素）をどれだけ消費（生産）のために需要するかを決定する。これをすべての消費者（企業家）について集計することによって、各産出物の供給量および各生産要素に対する需要量が決まってくる。そして、均衡価格体系は、すべての産出物と生産要素に対する需要と供給がそこで等しくなるという条件が満たされるときに決定されるのである。したがって、ワルラスの世界では、個々人は階級に縛られず、時には消費者、企業家、さらに資源所有者として、市場に登場することになる。一般均衡理論の主題は、すべての市場において需要と供給を同時に均衡させることができるのか、まさにその解明に置かれていたのである。

また、需要と供給の一致が偶然ではなく定常性があること、すなわち乖離があっても均衡に引き戻す力が市場で働くかどうかも問題とされた。一意の均衡解の存在と解の安定問題が分析の焦点とされたのである。先述したように、ワルラスの均衡論は、「交換における均衡」、「消費財生産の均衡」、「資本財（＝要素）市場の均衡」、「貨幣市場の均衡」といった具合に順に展開されたわけだが、それは、第一に、マーシャルのいう部分均衡ではなく、あくまでも一般均衡を追い求めるものであった。経済の因果的分析に代わり、相関的分析が優先されたのである。こうして達成された一般均衡の論証は、市場経済の自動調整機能を、すなわちアダム・スミスの「見えざる手」の働きを証明するものでもあった。

第二に、一般均衡論の成果はその後の数理経済学の発展に決定的な影響を与えたことである。とくに、ワルラス法則に関連して示されたその要約的な定式化は、経済システムの相互依存関係の分析に有意義な情報を提供した。その成果は、サミュエルソンの「新古典派総合」と呼ばれる経済学体系の中に包括され、マクロ経済学に並ぶ「ミクロ経済学の古典」として、主流派経済学の中核を担うに至っている。

第三に、この学派の特徴は「歴史」ないし「時間」概念を欠いた、もしくは陰伏させた「経済静学」である点にある。一般均衡論は、すべての市場で商品の最適な価格と最適な数量が同時に決定されることを仮定している。だが、この前提は、取引所等の一部の市場を除いては非現実的である。市場では通常、「価格優先・時間優先」の原則で取引がなされており、価格の折り合いさえつけば「早い者勝ち」で財は取引され、取引価格は時間とともに変動し、同時に決定されることはないからである。この学派はその「同時性」の仮定のため静学の枠を乗り越えられず、経済動学を展開できなかった。その動学化を図ったヒックスでさえ、経済静学の動学化を、陰伏された時間の単なる「引き出し」として構想したため、現実的な経済変動を無機質な「日付」の理論として、いわば均衡体系を繋ぐだけの「単なる時系列」としてしまった。経済動学は諸諸の均衡体系を繋ぐ連鎖として抽象的・形式的な時間になってしまったのである。そうなると、歴史的時間は「生きた歴史的時間」としては把握されず、他の技術的与件や心理的与件とともに、「純粋に経済的なもの」の外側から与えられるものにならざるをえないのである。

第四に、これに関連して、この派の理論は経済諸量間の量的関係のみを注視するため、各経済量がそれぞれ持っている特有の質的側面を軽視する傾向がある。一般均衡理論はすべての財について一律かつ機械的にそれらの価格と数量とが競争市場で決まると想定することで、諸商品の間の質の違いや市場の性質の違いを等閑視することになった。とくに人間の労働力について、他の商品と同様、賃金の変動により労働市場の需給関係が均衡し、生産均衡が達成されるとしたことは、完全雇用を前提していたこともあり、後にケインズらによって厳しく批判された。もっぱら交換の量的関係を追求することで、現実の市場構造に向ける眼が曇らされているのである。このことは分析手法を代数学に依存したこととも無関係ではない。一般に、数学がその諸仮定から分析対象の質的差異に及ぶような諸結論を導くことはほとんどない。純粋に経済的な数量だけを切り離し、それを合目的的に利用することで経済を分析することなどできないのである。

最後に、一般均衡論は交換価値を商品の相互依存関係の中に埋没させる傾向を有していた。それはパレートが価値論を「形而上学ないし非科学的なもの」として次第に排斥していったこととも関連している。パレートは価値の本質や実体に迫るアプローチ（＝因果分析）に対し否定的であり、それを「労働」や「効用」といった単一の要素に還元するのは、それが主観的なものであれ（ワルラスの限界効用）、客観的なものであれ（マルクスの「労働量」）、困難であるばかりか、誤っていると論じている[(6)]。そうした見方に「価値論の空洞化」が認められるのである。商品間の相互関連が重視され、人々が合理的な選択をなすことで「一般均衡」が成立することが「没価値」の立場で論じられれば十分であり、そのことへの価値判断や評価は経済学の外部で与えられるべきだ、というのである。こうした方法論に依拠しているため、一般均衡理論の分析方法を是認する学者は、自由主義者から社会主義者まで幅広く存在することになった。とはいえ、社会主義の優位性を説くO. ランゲのような例外的な学者を除き、一般均衡理論を説く理論家は、「一意の均衡解の存在」を資本主義社会における「一つの制度的与件」として認めている。この派はパレートの代に至ると、価値論を純粋経済学から追放し、商品価格論で十分であると考えるようになる。だがその結果、商品間の相対的な価格関係は知りうるとしても、任意の商品についてその価格が何故その水準に定まるのかは曖昧になり、価格の背後にある価値水準について知る術を無くしてしまう。貨幣価値こそ相対的な商品価格の水準を支えているのであって、それが予め事前に決定されていなければ、価格水準は意味をなさない筈である。ワルラスが徐々に気づいたように、「商品価格成立の基準となる貨幣価値の概念」が重要となるのである。これが貨幣数量説で決定されるといった具合に済まされる場合には、貨幣の価値は商品価格とは別世界の別の原理で決定されるものと見做され、統一的な理論体系の成立が極めて困難になるのである。

C. 方法論の転回─ワルラスからパレートへ

パレートはワルラスからローザンヌ大学の経済学教授の地位を引き継ぐが、当初はワルラスの純粋経済学に準拠して、経済学を講義していた。それは、彼の主著「経済学講義」の序説的部分に綺麗に纏められている。彼はワルラスの純粋経済学は、ラグランジュの解析力学やニュートンの万有引力の法則に比されるべきもので、「相互依存の原理」によって始めて経済現象の総合的把握が可能になったとそれを高く評価していた(7)。

先述したように、ワルラスとパレートの関係はやがて冷却していくが、その背景には両者の科学方法論をめぐる相違・対立があった。ワルラスは経済学を純粋科学・応用科学（応用経済学・社会経済学）に分け、前者を「事実的世界」の諸法則を定式化するところとして、いわばそれを「自然科学」に模して捉えた。純粋科学には「自然的諸力の作用に起源をもつ」純粋自然科学と「人間の意思の作用に起源をもつ純粋精神科学」があるが、「交換価値の事実」はその起源、発現、存在様式から見て「自然的事実の性格」を持つため、「交換価値の科学」としての純粋経済学は「純粋自然科学」の範疇に属するというのである。経済学は「社会的富の均衡と運動」とに適用された力学そのものであり、ゆえに抽象的、演繹的、経験的、そして数理的なものだというのである。だが、所有や分配といった人間的事実を扱う「応用科学」は「人間の意思の行使」を伴うものであり、「人と物との関係」が「有用性（＝効用）に関する真理」の観点から、また「人と人との関係」が「正義に関する真理」の観点から研究される、そういう経済学分野なのであって、そこで経済学はもっぱら「合理的」＝演繹的に構成される経済科学となる。

こうしたワルラスの考え方に対し、パレートは違和感を抱いたようである。彼にとって科学とは「実験や観察に基づく事実」を「論理的紐帯」によって結合したものであり、「非実験的素材」に基づく理論や「非論理的紐帯」を用いている理論は、経験の限界を超えた「形而上学」であり、科学の領域外にあるものとなる。端的にいえば、ワルラスの社会経済学などは科学ではないと見做しているのである。「有用性（＝効用）に関する真理」に立脚する応用経済学については、それを一種の「技術学」と見、社会経済学に対するほど否定的ではないが、ただその目的を「現実への逐次的接近」に置くべきだと考えていた(8)。ワルラスは、純粋経済学を本質的に「先験的な性格」を持つ学問であり、それが明らかにする理念を「応用経済学」が具体化し、実践が現実化するという関係で捉えていた。科学を実践の「指針」と考えていたのである。これに対し、パレートは、命題のいう理念は「検証」されるべき仮説であり、それ自体で「絶対的真理」ではない。パレートは力学を先験的・演繹的な科学とする大陸的力学観に対し違和感を覚え、それをあくまでも実験科学として捉えるイギリス流の力学観を採用したのである。その特徴を列記すれば、①科学的法則性は客観的実在性を有していない。ゆえに、いかなる現象も「観念」を通さずして我々には知りえない。②人間の「悟性」は有限で不完全であるから、諸現象を総体において考察しえず、分解して研究せざるをえない。ここから、③まず㋐認識の「近似性」、ついで㋑「検証」の必要性、そして㋒総合の必要性という「三つの帰結」が生じる。㋐では理論の現実への「逐次的近似」が、㋑では主観的現象と客観的諸事実との不断な比較が、㋒では「部分知」の再結合が、それぞれ必要となる。

この両者の方法論的な差異は経済学の中身にも投影されている。ワルラスが純粋経済学を「本質的に絶対的自由競争を仮定する制度の下での価格決定の理論」と捉えたのに対し、パレートは、経済学講義でワルラスの「交換 → 生産」という慣行的体系に倣ったが、「これはよくなかった」と反省している。パレートは「人間経済一般」（＝経済原則）を土台に、「社会的分業」の有無とその存在様式を基準にして経済制度を三類型「孤立的経済」、「社会的経済」、および「集産経済」（国家が唯一の企業家）に分類し、展開しようとしていた(9)。そんな彼にとって、「交換 → 生産」という理論展開は「私有財産経済、競争経済などを想定することと同値」であり、「人間経済一般」を不正確なものにするものと映じたのである。

たしかにパレートは、いわゆる「人間経済一般」を取り上げ、そこでの財・サービスの相互依存関係を原理的に分析する志向を示している。だが残念ながら、彼には商品形態に対する認識が決定的に欠けている。価格の相互関連性を欠いた物・サービスの世界で、社会的分業だけを頼りに果たして財・サービスの交換・生産分析が行えるのか疑問である。この点では、ワルラスの方が優れていた。彼は、企業家は極大利潤を追求すること、また企業に投資する資本家は投資の将来収益（純収入）の極大化を目指していること、さらにその結果として生産部門間の「純収入率」が均等化することを指摘し、一般均衡が商品経済社会に特有な法則たることを明らかにしているのである。こうした考え方はリカード・マルクスの利潤率均等化と考え方と通底している。ただし残念ながら、生産要素とりわけ労働力と土地の商品化を「自然視」しているため、資本主義の認識が欠如し、それは「商品生産者の世界」に矮小化されてしまっている。

パレートは「経済学提要」で、ワルラスから決別し、「認識論的断絶」とも称すべき経済思想の転回を果たすが、それを突き動かした第一のモメントは価値の「実体概念の放棄」であり、第二のモメントは相互依存関係分析を因果関係分析よりも重視し一般均衡分析を徹底化しようとするその意図にあった。一方で経験的な実験・観測によってその存在を確認できないような、かつ計量できないようなアプリオリな要素ないし諸量を経済分析の中に導入するのを拒否しつつ、他方では価値の形態（価格）から実体（効用）への遡及を放棄したのである。

D. 二つの古典の特徴とその意義

二つの経済学は、法律・政策・政府等のいわゆる上部構造を除いた経済的下部構造を、すなわち純粋資本主義ないし商品経済社会を「完全競争市場」を前提にして、「純粋な」経済学として解明しようとした点で方法論的に共通している。しかし、その認識論の性格は、大きく異なっている。まず、マルクス・宇野は「意識が存在を規定する」のではなく、「存在が意識を規定する」という唯物論の観点に立って、社会関係（＝資本主義的な生産関係＝賃労働と資本）を分析している。彼は唯物史観を「導きの糸」に経済学批判を遂行したのである。もちろん、マルクスも価値論において商品交換者の主観や意図にそれなりの役割を与えているが、その理論展開に果たす働きはマイナーでしかなく、価値決定には消極的な役割しか与えられていない。この点を修正し、経済主体の主観的・主意的な行動を再評価し、積極化したのが、宇野の流通形態論、とりわけ価値形態論であった。だが、宇野のこうした方法論も流通形態論の世界の中に限定され、原理論体系全体では資本主義メカニズムの客観的な分析にその重点が置かれ、経済主体の意思の重視という視点は原理論の体系全体に広がることはなかった。これに対しローザンヌ学派の、とくにワルラスの価値論（＝限界効用理論）は、基本的に主意的・主観的な概念で成り立っている。

要するに、二つの価値論の背景には、中世欧州の「普遍論争」（実念論 vs 唯名論）に遠因を有する、唯物論と観念論という近代哲学の根本的な二元論的な対立構造が横たわっている。宇野の価値法則論とローザンヌ学派の一般均衡論は、その対立を極限的な形態で表現しているといってよい。そして、この方法論の根本的な差異は、資本主義の歴史認識や経済学体系の違いとなって現われてくる。宇野の場合は、マルクスの唯物論を継承し、資本主義を労働力の商品化を媒介に商品経済が一社会を根底から支配する社会と捉えることでその特殊歴史性を把握している。また、唯物史観の諸命題―生産力と生産関係の対立など―を継承し、三段階論というかたちでユニークに経済学を体系化している。純粋資本主義論を基点に、国家⇔政策（財政）⇔支配的な資本形態ないし蓄積様式⇔世界市場といった要因を適宜考慮に入れた資本主義の発展段階論を展開し、第一次大戦以後の現行資本主義を現状分析で扱うという経済学方法論が、それである。

これに対し、ローザンヌ学派の場合には、経験主義・実証主義の立場から商品交換の場の価格を「自然事実」視ないし「普遍」視することになる。元々、「小商品生産者の社会」での市場交換を想定しており、資本主義を特殊歴史的な社会と見る視点がないため、価値論は相互関連の関係性の網に埋もれ、「唯名論」の中に沈没してしまう。また実際、ワルラスは分析対象となる小商品生産社会が「土地公有」とも共存できるとまで考えているのである。ローザンヌ学派の場合、経済学はワルラスのように純粋経済学を基点に「応用経済学」、「社会経済学」といったかたちで体系化が試みられるか、もしくはパレートのように社会学へとその分析対象が移されていくのである[(10)]。

とはいえ、二つの経済学の間には、その性格と内容においてかなりの相似性がある。その最大の共通点は、両経済学が完全競争市場を前提にした市場原理の「閉鎖体系」を築いているということである。宇野理論では、資本が原理体系における経済運動の主体となり、商品と貨幣の形態をとりながら変態運動を繰り返すことになる。そこでは、各経済主体は物象化された経済諸関係の「人格的な担い手」にすぎないものとなる。しかし、商品経済の物神性が働くため、彼らは自分があたかも「自然的秩序」のなかで振る舞っているかの如き幻想を抱くのである。宇野はここに価値法則が一種の「自然法則」として客観的に資本主義を支配する根拠を、しかも人口法則に支えられたいわば自己規律をその内部に有する運動法則として資本主義を支配する根拠を見ている。したがって、原理論は自己完結的な運動を行うシステムという意味で、「閉鎖体系」にならざるをえず、運動法則も「あたかも永久に繰り返される」がごとく説かざるをえないのである。

閉鎖体系であるということは、一般均衡論にも当てはまる。ワルラスの一般均衡理論は天文力学の連立方程式体系を真似て構成されており、それは一瞬の均衡市場を切り取り、価格関係を分析した、いわば経済静学である。そこでも、やはり完全競争市場が前提され、「賦存された資源」を与件に、交換ないし生産の場で、消費者や企業といった経済主体が効用や利潤を極大化するという約束に従うことで均衡価格が実現されることが説かれている。いわば一般均衡論も、経済主体にまったく自由度のない合理的行動を強いる「典型的な閉鎖体系」をなしている。ワルラスは、賦存の資源を与件として、効用最大化や利潤最大化に盲従する経済主体を想定して価格均衡を探れば、そこに消費者均衡や生産均衡が成立し、ラプラスやニュートンの力学と同様に、資本主義の「自然」法則が掴めると考えたのである。

両者の親近性はこれにとどまらず、科学方法論の領域にも及んでいる。宇野の純粋資本主義論も、ローザンヌ学派の一般均衡論も、科学とイデオロギーの峻別、「没価値」を志向している点で共通している。ただし、宇野が社会主義イデオロギーの効用を認めていたのに対し（ブルジョア・イデオロギーを消去する効用）、ローザンヌ学派のイデオロギーは社会主義（ワルラス）から自由放任主義（パレート）まで多様に分かれ、統一したイデオロギーを持っていない。

さらに親近性は、意外にも価値論の内容にまで及んでいる。まず、二つの価値論はいずれも「等価交換の法則」を基礎に経済資源の効率的な配分を説いている。宇野価値論は、リカード

→マルクスの労働価値説を受け継ぎ、それを完成させたもので、「価値の実体」を「商品に投下された労働量」で捉えている。価格はこの価値によって、また価値は投下労働量によって規制され、決定されるのである。ここでは真の経済主体は「資本」であり、それが利潤率の均等化を通して効率的資源配分を実現することになる。これに対し、ローザンヌ学派のワルラスの価値論では価値は「稀少性（＝限界効用)」によって決定されるものとされた。生産の均衡を包含したパレートの分析では、価値概念は消極化され、価格は限界費用に一致するものとされた。また、この学派では各経済主体の合理的行動（＝私利行動）が資源の効率的な配分を実現することになる。これをマルクス・宇野の価値⇔費用価格⇔生産価格のロジックと対比すると両者の近似性は明らかである。マルクス・宇野が平均概念ではなく限界概念で価値論を展開していたら（例えば、差額地代論や市場価値論)、パレートの「限界費用＝価格」論に近似していたものになっていたであろうし、パレートが価値の実体規定を安直な因果関係論として忌避しなければ、彼の労働価値説への拒否感も和らいでいたかもしれない。限界費用の変化分は、固定費と資本構成がほぼ一定不変である場合には、追加労働部分がその大部分を占めると考えられるからである。

ただし、同じ閉鎖体系といっても、やはり両者の間には「時間」概念で決定的な差がある。宇野原理論が、「労働生産過程」論を歴史（＝人類史）発展の土台として理論の基礎に据えたのに対し、ローザンヌ学派は限界効用説に依拠し、相対価格の関連のみを分析対象にしたため、時間の流れを陰伏させ瞬時に切断して止めたいわば静学（＝「無時間｣）の理論になってしまっていることである。あくまでも因果論に拘った前者と相対価格の関連にのみ着目した後者の相違が、片や経済動学を内包した理論を可能にしたが、片や経済静学しか許さない、そうした理論の違いとなって顕在化しているのである。

宇野価値論の場合、価値の実体は明確に人間労働にあるとされ、商品形態のヴェールに包まれているとはいえ、本来の経済主体はあくまでも人間であることを明らかにしている。人類の発展史が人間と自然の悠久な物質代謝の過程で人間が積み残してきた成果の足跡であることを理解すれば、人間の「労働」こそが歴史を動かす､いわば悠久な歴史の営みに時を刻むもの(＝有史）なのである。労働こそが自然と人間との繋がりの有機的な「蝶番」であり、実際そこでしか時間は流れない。その限りで経済法則と経済原則を峻別し、超歴史的な経済原則（＝労働生産過程）を商品形態で包摂した資本の生産過程で価値法則を説いた宇野理論は、まさに資本主義社会の発展をその根拠から正鵠に掴んでいたといえるのである。

両者の最後の類似点として、「部分と全体」､「個と総体」の関連の捉え方がある。ローザンヌ学派にあっては、その方程式体系から明かのように、二者二財の交換から、n 人 m 財の交換に至るまで均衡解は一様の方法で解かれている。ここでは、明確に「部分即全体」､が成立している。これに対し、マルクス・宇野理論は、ローザンヌ学派ほどその関連把握は明瞭ではないが、資本の生産・流通・再生産過程を論じる生産論の次元では、資本家と労働者の「代表単数的な」関係を通して「総資本対総労働」の関係が説かれている。また、分配論の次元でも、「平均利潤」の計算法からして、「個即総体」の関係を想定しているように思える。いずれにせよ、二つの経済学は、政府介入のない閉鎖体系であり、その点でほぼ現行のミクロ経済学の中核部分の諸範疇に重なっている。マクロ経済学が取り上げる「合成の誤謬」といった問題をその理論の中に内包していないのである。

ところで、二つの経済学は、唯物論と観念論といった根本的に対立する認識論に立脚しながら、どうしてこうも奇妙に共通する性質を有しているのか。デカルトの物心二元論的な整理が間違っているのか。それとも両価値論の類似親近性は「仮象」で、いずれかが正しく、いずれかが誤っているのか。前者を採れば、二元論的対立にさしたる意味はないことになる。この問題は、最近の量子力学、とくにマルティ・バース理論ないし確率的な実在論に関連しており、そこでは唯物論・観念論といった区別が意味を失いつつある。後者に立てば、因果分析と相関分析のいずれを重視し、優先するのかという悩ましい問題に直面することになる。

ところで、前者の考えを受け入れながら両者を同時に「両立可能な相補関係」にあるものとして捉えることはできないものか。このように考える上で貴重なヒントを与えているのが、物理学者のD. ボームと脳科学者K. プリブラムが開発した「ホログラフィー宇宙モデル」である。

ホログラフィーというのは光の波を使う情報装置のことで、彼はこのモデルを物理観測における「機器使用と理論」の「密接な関係」から説明している。レンズの場合は、被写体と「乾板上の被写体像」の間に「1対1対応」で像を結べるが、レーザー装置を使いレーザーから出た「可干渉性の光線」の場合にも、高度に「陰伏的」ではあるが、被写体の構造全体との間に一定の関連を映し出すことがわかっている。これをホログラフィーと呼び、現在物理学（量子論）で行われている「典型的な実験」はレーザーを使った「ホログラム」のケースに類似している、というのである。例えば、卑近の例でいえば、中央に建物のある小島を持つ池に小石を投げ込めば波紋が拡がり、対岸にぶつかり、回折してまた元に戻ってくるが、そのときかえって来る波は対岸の形状について、情報をもたらしてくれる。この波を光で考えれば、３次元の立体像の復元も可能になる。これはすでに映像立体化の技術で活用されている。ホログラムでは部分の中に全体の情報が入っているのであり、重要なポイントは「部分の中に全体がある」という点にある。

ボームは、宇宙は「二重構造」になっており、我々が知っている物質的な宇宙（＝明在系 explicate 0rder）の背後には「もう一つの見えない宇宙」（＝暗在系 implicate order）が存在していると推定している。すなわち、我々の前に開示され、我々の目に見えて直接が知ることができる世界の秩序の背後にもう一つ「目に見えない内臓的な秩序」が存在していると考えるのである。彼は、前者を「明在系宇宙」と呼び、時間・空間と形態・実体の概念を備え、かつ個が自他の区別を有する世界としてそれを捉えている。また、後者についてはそれを「暗在系宇宙」と呼び、時間・空間や形態・実体の概念のない「個即総体」ないし「部分即全体」の世界とし、その特徴を捉えている。すなわち、宇宙観を二分し、明在系のなかに暗在系が含まれていると同時に暗在系の中に明在系が含まれているという両系の相互依存・包括性の科学哲学を展開しているわけである。

ボーア、シュレジンガー、ハイデルベルグといった量子力学の開拓者たちが、一見荒唐無稽にしか思えない東洋哲学（「般若心経」、「大蔵経」、「易経」など）に学んだことはよく知られている。そして、この二元宇宙論を超克する理論として提示されているのが、「ホログラフィー宇宙モデル」なのである。その理論の核心は「暗在系」の世界には「明在系」のすべての物質、精神、時間、空間などが「全体として叩き込まれており」分離不可能になっているという見方にある。物質的な宇宙の背後に、「もう一つの見えない宇宙」が存在するという、いわゆる宇宙の二重構造論もここから出てくる。彼は目に見える物質的な宇宙を「明在系 explicate order」、もう一つの目に見えない宇宙を「暗在系 implicit order」と呼び、暗在系では、明在系のすべての物質、精神、時間、空間などが全体として「叩き込まれて」おり、両者は分離不可能であると明言している[(11)]。

また、ボームは、物理学における「機械論的秩序」との対比で「内臓秩序」の特徴を取り上げ、それは従来の物理法則が立脚していた「顕前秩序」（manifest order、デカルト座標が主要機能を果たす感覚知覚的内容を伴う体験の相 aspect）の単なる複合ではなく、それに第二義的な意義しか与えないような新しい概念であると主張している。物理学はこれまで粒子の相互作用系によって物理現象を説明してきたが、量子論の世界では顕前秩序に依拠する機械論的な方法より、ホログラムの理論模型の方が、はるかに有効だというのである。その上で彼は「全体運動とその相」というかたちでホログラムの働きに言及しているのであるが、我々としては内臓秩序からの「包み込み・引出しと運搬」の方法とその有様が最大関心事となる。ローザンヌ学派の一般均衡論はその静学的な性格からして「暗在系の内臓秩序」を有しているといってよいであろうが、その場合、そこに陰伏されている時間がどのように甦るのか、またそこでの部分即全体の関係は明在系にどのような「相」を持って運搬されていくのかが問題になるからである。ボームは内臓秩序における「包み込みと引出し」が「電子の新しい理論模型」を与えるとし、そこで①一個の電子は包み込まれた集団全体（から成る集合）によって理解されねばならないこと、②それらの集団は一般に空間中の一定の場所に局所化できないこと、③それらはある瞬間では引き出され局所化されるが、次の瞬間にはその集団は包み込まれ、それに続く別の集団が引き出されること、④存在するものは常に「集団の総体」であり、それらの集団は原則的に全空間に亘って混じり合い浸透していること、⑤だが、それらはすべて現存しており、一つの規則に従って段階的に包み込まれ引き出されていること、⑥任意個数の電子を包み込む場合には、集団の配列のされ方が互いに独立で線形「経路」で運動したり、相互作用の力が働き「曲線経路」に沿って運動すること、などを指摘している。

ボームのこのような科学哲学は、二つの価値論の類似・親近性を考える上で貴重なヒントを与えている。これに準拠すれば、マルクス → 宇野のそれは「明在系」における経済法則を、またワルラス → パレートのそれは「暗在系」における経済法則を扱ったものということになろう（図Ⅰ）。マルクス・宇野の価値論は、労働原理を中核に有する有時間（人類史）、有物質、有空間（国民経済）の原理であるのに対し、ワルラス・パレートのそれは、無時間（瞬間的）、無物質（相互関係の連鎖）、

図1　明在系と暗在系

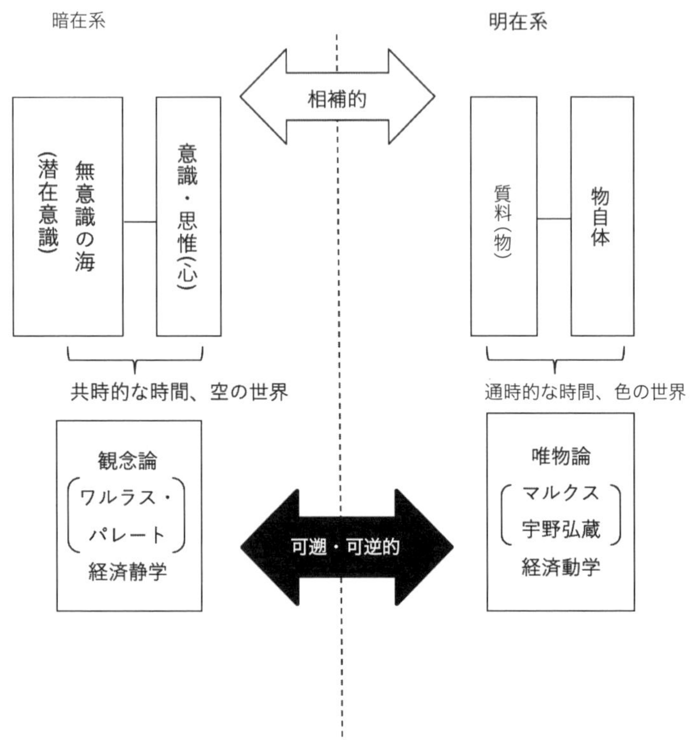

無空間（局地即全国）の原理ということになるからである。両者が相補的な原理をなすというなら、結局、因果分析と相関分析の両立こそが経済学分析の古典の中核をなしていることになろう。

もしこの二つの経済学が、唯物論と観念論の立場からする経済学の極致（＝形式化の極限）であるとすれば、「嘘つきのパラドックス」で知られる「ゲーデルの不完全性定理」に行き着くはずである[12]。

【注】

(1) 下部構造と上部構造に関するマルクスの「経済学批判」の「序言」の次の文章が、マルクス唯物論の神髄を簡潔に語っている。「法律諸関係ならびに国家諸形態は、それ自身で理解されるべきものではなく、又いわゆる人間精神の一般的発展によって理解されるべきものでもなく、むしろ、それらは、物質的の生活諸関係にその根拠を有するものだ」。

(2) パレートは、一般均衡の決定に際し、「主意的な効用・利潤の最大化」という経済主体による「選択」の事実からのみ出発し、その動機や意味を決して深く問おうとはしない。それゆえ、「新しい理論」では、ワルラスのように「快楽や苦痛に関する計算をする必要は全くない」として、功利主義的な考え方（＝快楽主義的公準）を「俗説」として斥けるのである。さらに、客観的真理性と社会的有用性（効用）は区別されるべきだという考えから、ワルラスの応用・社会経済学を評価することもなかった。要するに、パレートは、ワルラスのイデオロギーを嫌い、経済学の「自然科学」化を一段と進めようとしていたわけである。純粋経済学に残っていた人間臭さ－「快楽」ないし「効用」といった概念を「無差別曲線」という「事実」に置きかえってしまったのである。当初、効用の大きさ（＝量）を認めることと、それを測定することとは「別問題」とし、功利主義的な考え方をそれなりに認めていたのに、いまや総効用を測る手段はないとし、基数的な効用理論を否定し、序数的なそれへと移行していくのである。効用の変化については、その大きさはともかく、正負だけはわかるというのが、その理由である。そうなると、個人は「嗜好の写真」さえ残せば、あとは消え去ってもよい存在でしかなくなる。これは、パレートがワルラスの一般均衡条件の相互関連分析を重視した反面の出来事であったといえる。彼の経済思想上の貢献としては、無差別曲線の利用以外にも、（ラグランジュ関数を用いた）制約付き最適化問題の一般化と限界分析の徹底を挙げることができよう。

(3) 関根教授は、「技術的に応用できる知識か否か」は、宇野がいうように自然科学か社会科学かによって分かれるのではなく、「閉鎖体系の知識」か「開放体系の知識」かによって決まるのだというユニークな科学方法論を提唱している。経済学は「開放体系の知識」を目指すべきであると考えているのである。しかし、宇野理論も一般均衡論も自己完結型の完全な「閉鎖体系の知識」であるがゆえに、純粋経済学をなしているのであって、なぜ「開放体系」でなければならないのか、またそもそもなぜ経済学が「技術的に応用できる知識」でなければならないのか理解に苦しむ。関根教授は、近経とマル経という二つの経済学を開放体系として統合するには、「社会的活動を広い意味でのゲームと解することが必要であり、ゲームは「常に約束 (rules) と主体 (players) と環境 (environment) から構成される」とし、「商品形態（約束）が、経済生活の実体（環境）を、商品化された労働力（主体）をつうじて把握するという＜社会科学の方法＞は、現代システム論に一歩先駆けて、一般的な科学方法論を樹立したことになる」と宇野理論を高く評価している。だが、経済法則の世界ではゲームの主体は資本であり、労働主体は疎外された存在にすぎない。労働主体は商品形態のヴェールを脱いだ「原則の世界」では真の労働主体として現われ、生産手段を駆使し自然に主体的に働きかけることになるが、それは資本主義の陰画の世界での出来事に過ぎない。現実の資本主義社会では、経済主体は経済的諸関係の抽象的な人格的「担い手」にすぎず、労働主体はゲームの主体たりえないのである。そもそも、近経であろうとマル経であろうと、それが分析対象とする「完全競争市場」では、価格が所与のものとして与えられるため、経済主体はそれを前提に利潤なり効用なりの最大化を追求する以外になく、寡占市場や独占市場でのように、価格や数量を戦略変数として使用できる余地など与えられていない。原理論の世界は経済主体が自由にゲームを行えない世界であり、経済法則の世界でゲームは可能と考えた教授の発想はどこかピントが外れているといわざるをえない。

また、教授は、新古典派の「調和論」と「宇野の分配論」を「資本家同士の予定調和的な均衡」分析を志向するものとして、「エンゲルスの広義の経済学」の観点から、統合しようとしている。分配論を流通論と生産論から切り離し、商品形態を「滅却」して経済原則を取り出せば、新古典派との協同作業が可能になると考えているようである。しかし、宇野の分配論はそのような「減却」を許すようなものではないし、新古典派の限界生産力説とそれに基づく分配も、利潤最大化を前提にしたそれであって、断じて「裸の経済原則」などではない。

要するに、マル経、近経を問わず経済学は「利用できる知識」として「開放体系」を目指さなければならないとする関根教授の発想そのものに誤りがあったのである。なお、関根論文に対する的確なコメントとして大内秀明「近代経済学とマルクス経済学の方法について」(「社会科学の方法」1974年7月号）を参照。

(4) 古典経済学がマーシャルの新古典派経済学に再編・統合され、近代経済学へと転換していった契機について、シュンペーターは、JS. ミルの「国際価値」概念がそこでトリガーの役割を果たしたと述べている。ミルはリカードの比較生産費説に対し「需給原理」の方が生産費原理に先立つ」とし、リカードを一歩前進させることで貿易理論を仕上げることができた。交換価値である価格は、通常、使用価値（効用）と「獲得の困難さ」を交換の２条件としており、前者が「需要」を、また後者が「供給」を構成しているというユニークな価値論を展開し、それを基礎に貨幣価値論、結合生産物理論、そして国際価値論を三つの「価値の特殊理論」として説いたのである。彼は、国際価値論を「相互需要の法則」から説明しているが、シュンペーターはそれを「相互需要（の相等式）は、……労働数量価値説からも、価値の実体費用説からも完全に独立している。それどころか、それは彼の一般需要供給論と完全に融合するものであり、……国際価値の場合にも首尾よく拡張される」。かくて、この事例は、ミルの価値論を強化し、反対にリカードのそれを弱体化せしめたのである（「経済分析の歴史」)。このようにミルの需要供給価値説は「実体費用説」と「限界効用説」との間の「中間宿」であり、前者から後者へ近づく「一ステップ」をなすものであった。ミルの国際価値論（＝「商業的競争論」）は、生産要素の国際移動はないという仮定によって価値論が限定された「特殊の場合」と考えられるが、逆に彼の国際価値論が「一般的なケース」であるということになれば、今度は国内価値論の方が生産要素の完全なる移動が保証された「特殊のケース」ということになる。

(5) ここには、模写を受け止め感知する分析主体の歴史認識の問題があったのではないか。例えば、商品経済は「共同体と共同体との間に発生して、漸次に共同体の内部に浸透してゆくもの」であり、その形態自身が当然に「価値の等質性」を要請するといった「経済学批判要綱（＝グルントリッセ)」での認識が働かなければ、商品経済が一社会を根底から覆うのが資本主義であるという資本主義社会の特殊性についての歴史認識は生まれなかったのではないか。それはさておき、商品は「共同体間の関係」であり、元来共同体内の存在である人間関係には「外来的」という認識は、経済人類学などの観点から見て本当に正しいといえるのか。アダム・スミスがいうように「交換」が人間の「本性（＝交換性向）によるもの」であれば、商品経済は共同体にとって「異質な、外来的なもの」ではありえなくなる。また、たとえ外来的なものであっても、商品交換が共同体内の遺産相続や贈与といった関係を媒介に次第に共同体内で発展・転化していったとも考えられなくはない。これは、資本主義の特殊性についての根本認識が決定的に重要な問題となるのである。

(6) 爛熟期まで含めて模写を考えると、原理論体系が内部から自己崩壊を起こしかねない。だが、「論理と歴史の関連」は再度検討の余地があるように思える。宇野経済学は「貨幣の資本への転化」と「株式会社の問題（資本の商品化）でこの問題にぶつかっている。前者に関して言えば、価値と使用価値の矛盾・解決というロジックだけで流通形態論を展開できず、そこで壁にぶつかっている。これを無視すると「商品経済史観」に陥り、資本主義発生期の「資本の原始的蓄積」（＝国家暴力の問題）を等閑に付し、唯物史観からも離れることになる。そうかといって、逆に資本の原始的蓄積の歴史を強調すると、今度は流通形態論のロジカルな展開が犠牲にならざるを得ない。この難問については多くの論争が交わされてきたが、株式会社についてはほとんど議論がなされないまま等閑に付されてきた。爛熟期をも模写するというならこの株式会社の問題が重要となるが、宇野はここでは歴史的事実の方を前面に出して（＝段階論における金融資本の支配」)、株式会社は「資本の商品化」ないし「擬制資本（＝配当・利子を生む非現実資本（株式・債券）」の「具体的な形式」として消極的にしか規定していない。正面から取り上げると、二つの蓄積類型の交替でもって説かれる資本蓄積論が歪曲されることを怖れ、株式会社の概念を原理論から排除したのではないかと推定される。労働力の商品化を商品経済の発展だけでは導けず、株式会社の誕生も産業資本の発展からは導けない以上、ここではそこに最小限の歴史的要因を介入させるか、論理展開から外すか、どちらしかないであろう。さらに論理と歴史の問題については、マルクスが第一巻の資本蓄積論で述べたいわゆる「否定の否定」も問題になるが、宇野はこれを「論証としては理解できない」として斥けている。

(7) Vilfredo Pareto(1906)、″Economia Politia″Societa EditriceLibraria Milano. 同（1964）Cours DeconomiePolitique″Librarie Droz,Geneve. これを紹介している松嶋敦茂「経済から社会へ」（みすず書房、1985 年）を参照のこと。

(8) パレートの経済学は、ローザンヌ大学就任期に行った「講義」の段階で、すでにワルラスのそれと微妙に相違していた。オフェリミテ概念の提示、逐次的近似の方法論、統計的記述の利用といった方法論レベルのものを除いても、ワルラスの限界生産力説、「完全自由競争」、「一つの同質的社会論」、「経済静学」、および「所得分配論」について、批判的に言及している。①限界生産力説は、生産要素の諸量の間に補完性があったり、「投入―産出」関係に固定的な「生産係数」が存在する場合には当てはまらない。②労働組合の存在や保護貿易が自由競争の進展を阻害し、地代も不完全競争で決定されている。③経済現象は景気循環に見られるように静態的ではなく動態的であり、共時的であると同時に通時的にも捉えられなければならない。④所得の統計的分析の結果、所得分配の位階的・階層的性格は明らかであり、社会は階級・階層で分断された社会である、というのである。

(9)「使用価値、効用、オフェリミテ（経済厚生―筆者）、オフェリミテ指数などの諸観念は、経済的均衡理論の叙述を容易にするが、この理論を組み立てるのに必要なわけではない。数学を使ったおかげで、その全理論は我々が「付録」において展開したごとく、もはや経験的事実にしか依拠していない。

つまり……その個人にとって無差別な諸組合せを構成するような諸財の数量の決定にしか依拠していないのである。かくて、経済学の理論は、数理力学の厳密性を獲得する。それは経験からその諸結果を引き出し、いかなる形而上学をも介入させない。」。松島敦茂教授は、「提要」の中に新たに添付されたこの一文を、選好概念を基礎にあたらしい経済理論を開発したパレートの自信を示すものと捉え、ここで彼は価値の「実体概念の放棄」(＝経験的観測によってその存在が確認されないような、かつ計量できないような諸量の導入の拒否)と因果関係論的分析に対する一般均衡分析の優位を決定づけたと見ている（上掲書「経済から社会へ―パレートの生涯と思想」)。そしてここに至って、パレートは「ワルラスの矛盾する二つの見解」を表立って取り上げ、経済問題の全未知数は経済均衡の全方程式に依存しているとの見解は正しいが、稀少性が交換価値の原因であるという見解は「現実にそぐわぬ時代遅れの理論の名残り」にすぎないと批判する。価値を単一の要素に還元するのはナンセンスだというのである。

(10) パレートは、人間の行為を動物のそれとは本質的に異なる「意思と目的」を持った行為であるとし、この意思に基づく合目的行為を「社会システムを構成する一変数」として明示しつつ、それを基礎に経済学から社会学への社会科学の拡大を図った。経済行為の与件とされる「意思と目的」は合目的的であり、たとえそれが「嗜好」、「生産知識」ないし「選好・選択」といったブラック・ボックスの中に封じ込められていようと、こと経済については「人間の論理性―目的適合的手段の自覚的採用」が唯一仮定できる社会分野として、すなわち合理的な選択・行動だけが問題になる限定的な社会分野として経済学で純粋に解明できる、というのである。純粋経済学が「力学の一種」として人間の論理的・合理的な行為が実験的に試行される場であるのに対し、「逐次的近似」の方法で人間の相互依存関係を徐々に抽象から具象に上向させることで、社会学では人間行為の合理性・論理性にとどまらず、人間の非合理かつ非論理的な行動をも扱えるようになる(＝諸社会科学の総合）と考えるのである。

(11) D. ボーム「全体性と内臓秩序」(井上忠他訳、青土社、2005 年)、同「暗在系と東洋的瞑想」(「ニューサイエンスと気の科学（所収）」青土社、1987年）を参照。彼は、物理学における「機械論的秩序」との対比で「内臓秩序」の特徴を明確にしている。まず、内臓秩序は、従来の物理法則が立脚していた「顕前秩序」（デカルト座標が主要機能を果たす感覚知覚的内容を伴う体験の相 aspect）の複合ではなく、それに二義的な意義しか与えない新しい概念であるとする。そして、「全体運動とその相」というかたちでホログラムの働きの本質的特徴に言及するのであるが、我々としては内臓秩序の「包み込み」や「引出しと運搬」の方法と有り様が最大の関心事になる。ローザンヌ学派の一般均衡論を暗在系と捉えた場合、そこに陰伏されている時間がどのように甦り、動学が生まれるのか、また部分即全体の関係は明在系にどのような「相」で運搬されるのかが問題になるからである。ボームは内臓秩序における「電子の新しい理論模型」をホログラム・モデルで構想している。そこでは、①量子作用の不連続性、②存在者（＝電子）の多面性（粒子、波、中間形態など）、③結合における非局所性などを指摘している。彼は、量子力学の物理現象を説明するには、顕前秩序（manifest order）に依拠する機械論的な方法より、ホログラムの理論の方が、はるかに優れているとし、確率論的な存在論を一歩深めている。だが、彼の主張は、残念ながら議論にあまり具体性がなく、実証事例にも欠けている。「見かけ上独立自存ないし実在する顕前世界」はどのような意味を持っているのか。はたして多次元論でよいのか。「ホログラム・モデル」をめぐる議論の進展と実験成果を待とう。

(12)　数学は本性的に形式的であり、形式化に関しては他のいかなる学問より先行していた。数学の確実性は、いかなる定理も基礎的な公理によって演繹されること、またその証明が可能であることによって担保されていた。しかし、ユークリッドの原理は「平行線は交わらない」という第五公理に対する疑問を払拭できず、それを他の公理から導かんとする努力は空しい試行の果てに挫折する。結局、「平行線は交わる」という非ユークリッド幾何学が出現し、ユークリッド幾何学はその根底を揺すぶられることになった。ユークリッド幾何学の欠陥は、「直線や点」に関し、それらを「知覚ないし自然言語」に依存して理解していた点にある。しかし、数学は、実在や知覚に依存していなくても先験的に発展できるものであり、新しい数学は、19世紀、ドイツの代表的数学者であるヒルベルトの下、記号論理学を基礎に、より厳密な形式化を追求することになった。論理学は数学の基礎づけに関係することで、その性格を一変させた。B. ラッセルは再度論理主義を構築する作業を開始し、そこで「エピメニデスのパラドックス」の再発見に至るのである。「すべてのクレタ島人は嘘つきであると、一人のクレタ島人がいった」というフレーズがそれであり、この場合その真偽は決定不可能になる。これに対し、数学者の方も形式主義の厳密化を進め、ヒルベルトは数学は「正しくさえあれば（無矛盾であれば)、真でなくてもよい」という新たな形式主義を打ち立てた。形式体系に首尾一貫性があれば、真偽は問わない、それ以上の根拠づけは不要と宣言したのである。この考え方は数学が実在・事実に基づくことを要求する「直感主義」に完全に対立するものである。「直観主義」によれば、数学は「数学的直感」によってつくられるものであって、論理に依存するものではなく、逆に論理の方が直観によって保証されると指摘した。そうすることで、直観主義は論理主義を数学の下位に位置づけたのである。これに対しヒルベルトは、無矛盾論の考え方を延長し、「(命題は真であるか、真でないかのいずれかである、という「排中律」さえ否定するに至る。

こうした形式主義の進行に対し、内在的批判を行ったのがゲーデルである。どんな形式体系も、それが無矛盾であるかぎり、「不完全である」と批判したのである（＝ゲーデルの不完全性定理)。彼によるその証明は、形式体系の中には必ずその体系の公理に合わない、したがってそれについて真偽が判明しない「決定不可能な」規定があるのを発見するというかたちでなされた。しかも、その発見は数学の基礎をなす「整数論」のなかでなされたのである。このことは、純粋数学の完全な演繹体系は一般的に存在しないこと、また公理の選択次第でユークリッド幾何学と非ユークリッド幾何学は両立可能であることを意味していた（以上、高橋昌一郎「ノイマン・ゲーデル・チューリング」筑摩選書、2024年、広瀬健他「ゲーデルの世界」、海鳴社1985年を参照)。

経済学は、社会科学として社会的諸関係の実在と経験知から免れることはできず、数学とは事情が異なるが、その体系性が形式化の極致というなら、そこにはやはり不完全性定理がそれなりに働いていよう。一般均衡論ではそれはパレート最適の 3 命題（資源配分の効率性、所得分配の公平、経済成長）を同時に実現できないところに現れている。とりわけ、パレート最適は所得分配の公平性を確保できない。新古典派総合のサミュエルソンや新厚生経済学のバーグマンらは、社会厚生関数を考案し、この欠落を埋めようとしているが、成功していない（拙著「規制改革 30 講義」（中央経済社、2017 年）を参照のこと）。また、ヒックスの失敗が示しているように、無時間性からの解放（＝動学化）にも失敗している。ヒックスがワルラスの「タトヌマン（模索過程）」という概念を用いて構想した「日付」と「週」という考え方は「生きた時間（＝「ベルグソンの時間」）」を生めなかったのである。たとえワルラスの世界に一意の安定的な均衡解が存在するにしても、その模索過程は長期化せざるを得ず、その間に経済主体の嗜好や生産技術が一定不変のままでありえるはずはないのである。

　これに対し、宇野理論にあっては、まずその法則把握の特異性が問題になる。資本主義が特殊歴史的な経済社会であるということは、それには発生があり、消滅があるということだが、価値法則論は「永久に繰り返すが如く」説くしかないからである。ここに経済学のいう価値法則が自然科学の物理法則と異なる特有な性格があるのである。また、宇野の価値法則は資本主義自らがその成立条件をと整える（＝人口法則）という意味で、ワルラスの交換法則とも異なっていた。宇野は、かなり特異な「体系化＝形式化」を図っているといってよい。しかし、「不完全性」ということに即していえば、価値法則を厳密に論証できていない点に、それは現れていよう。人間の労働力は、それが人格のなかに内在する潜勢力であるかぎり、モノではなく、本来「生産」できるようなものでもない。ましてや資本が生産できるものではなく、せいぜい「間接的・擬制的に生産する」というにすぎないのである。これを可能にするのが、労働者による賃金での「生活資料の買い戻し」である。いま、この生活資料を生産するのに欠かせない賃金に相当する労働部分を「必要労働時間」とすれば、「生活物資」が豊かになってきたという人類の歴史的事実から、1労働日は必ず必要労働時間を超える剰余労働を伴っていると推定できる。したがって、労働者が必要労働部分を賃金で買い戻し、資本家が剰余労働部分を剰余価値として取得するという生産関係が構築され、価値法則が確立するわけだが、この関係性は生活資料を生産する資本家と労働者との関係では直感的に理解できるのだが、これをそのまま「生産手段を生産する資本家」と労働者の関係にまで拡張できるのか、疑問が残る。そこで労働時間と価値の対応性を資本家的生産一般に適用するために宇野の考えだした妙案が、背理法による説明であった。もしある狡い資本家がこの比率（＝剰余価値率）を壊しより多くの剰余価値を得るようになれば、かならず他の資本家がそれに気づき、資本の移動が生じ、彼の突出した行動は抑制されるというのである。だが、資本間の競争と資本の産業部門間の移動は第三巻「総過程」の生産価格の成立時に問題になるのであって、代表単数的に資本家と労働者の関係を論じる生産論の次元で、こうした証明は問題であるし、論証方法としても十全ではない。これを超えて、論証を厳密化するには、流通論—生産論—分配論の全域にわたり部分（＝個）と全体（総体）の関係を洗い直すか、ベーム・バベルクが試行したように、価値と労働量との関連で「対応関係」を緩めるしかないであろう（＝資本家間の「限界待遇」を認める）。彼は、交換価値を「多数の個人の主観的価値評価の合同成果」と「富の所有条件」によって決定されるとした上で、交換理論に「限界待遇」という概念を導入し、厳密な意味での「限界効用の均等」がなくても交換が行われることを説明している。これに対し、一般均衡論のほうでも、均衡価格に幅を設けるべきことが指摘されている。

以上、二つの経済学は、「確実性の世界」で「純粋経済学」を構築したが（＝形而上学化）、その外部には複雑かつ「不確実な戦略的世界」が控えていたともいえよう。両体系は、今後「包み込みと引出し」の関係の究明が進み、静学と動学の相互関連性が明確にされさえすれば、究極において「一体」ないし「同等」であることが明らかになるのではなかろうか(「色不異空、空不異色、色即是空、空即是色」—「般若心経」)。

終章
現代経済学の誕生 —社会科学の方法

近代経済学の古典は、リカード → マルクスの系譜を継いだ宇野弘蔵の価値法則論とワルラス → パレートの系譜に立つローザンヌ学派の一般均衡論（＝パレート最適の概念）を以て一応の完成を見たといってよい。だが、こうした古典の世界は、1930 年代のケインズ「一般理論」の出現を以て欧米では一挙に経済学の古典コーナーに追い遣られてしまった。

A. 物理学の発展

この理論革命は、物理学（天文学・力学）で起こった科学革命とその性質や内容がよく似ており、時期的にも 19 世紀末から 20 世紀の前期とほぼ重なっていた。物理学でいえば、19 世紀まではアイザック・ニュートンの時代であった。ニュートンは、「運動の三つの法則」（慣性法則→ 第一法則、運動方程式→第二法則、作用・反作用の法則→ 第三法則）を定義し、物理学の基礎を築いた。彼の「万有引力（＝二つの物体が引き合う力）の法則は絶対的に正しく、天体の運行を始め、すべての物体の動きはこの法則を定式化した方程式で計算できると信じられていたのである。その万有引力の方程式は、

$$F = Gm_1 m_2 / r^2$$

（ただし、F：万有引力、G：万有引力定数、m_1：一方の物体の質量、

m_2：もう一方の物体の質量、r^2：物体間の距離、である）。

で表される。この法則の核を成しているのは「時間と空間は絶対的な概念」であるという認識であり、地球のいや宇宙のどこにいても時間は均質・一様に流れ、空間は同じように測られるものとされた。どこで測っても、一時間は一時間、一メートルは一メートルとされたのである。しかし、広い宇宙に出ると、地球では当てはまり常識化していたこのニュートン力学は、通用しなくなる。時間も空間も絶対的なものではなくなってしまうのである。両者はいずれも「相対的」なものだという新しい考え方を打ち出したのが、アインシュタインの相対性理論ということになる。アインシュタインは、まずマクスウェルの「電磁気学」の方程式に依拠しつつ、慣性系（等速直線運動）のときに成立する「特殊相対性理論」を構築し、①光速は絶対性と不変性を有すること、②光速に近い速度で運動しているものは縮んで見えること、③運動体が光速に近づくと、そのものにとっての時間の進み方は遅くなることを明らかにし、続いて重力の影響を受けるときや加速運動するときに成立する「一般相対性理論」を確立し、リーマン幾何学を使って、時空の歪みを扱うことになるのである。すなわち、彼は、①重力の大きいところでは空間が歪むこと、また②重力の大きいところでは時間の進行が遅くなることを明らかにし、特殊相対性理論の②と③を補完したのである。特殊相対性理論では空間や時間の変化をもたらすものは「運動」であったが、一般相対性理論ではそれは「重力」になる。それだけではない。アインシュタインは、特殊相対性理論を発表したその2年後に有名な「質量とエネルギーの交換」方程式、$E=mc^2$ を発表する。（ただし、E:エネルギー、m;

物体の質量、*c*：光速である)。この式は、光速度（＝秒速約30万キロメートル）の二乗という定数を媒介に、エネルギーと物体の質量が等しくなることを、すなわち両者が相互変換可能な同質なものになることを含意していた。($c^2 = E/m$)

この質量とエネルギーの等価性の認識は、従来の「質量」の概念を一変させると同時に原爆・水爆の開発にヒントを与えたといわれている。光速の二乗は約900億であり、微小な物質（ウランなど）がエネルギーに変換されると、とんでもない値にまで達するからである。また、相対性理論は、時間―距離―速度の悪循環（「速さを決めるには時間が必要で、時間を決めるには距離が必要という「いたちごっこ」）を「光速度」を基準にすることで解消することにもなった。

それではアインシュタインの登場をもって、ニュートン力学は否定され、「無用な科学」と仮したのかというと、そんなことはない。地球の上で住む限り、その法則は作用しているし、十分に役だつ知識になっている。科学史の発展関係においては、通常、後に続く者の認識は、もし先行者の認識が真理の何がしかを含んでいれば、それをきわめて制約され限定された環境の下で成立する特殊理論ないし下位理論として位置付けることで発展し、自らはより一般的な理論になるという関係に立つ。いわば相対性理論はニュートン物理学を補足・補完する関係に入るのである。例えば、ニュートンの運動量保存則は、運動方程式が質量 m と加速度 a の積であることから（$ma = F$)、二物体の質量 m_1, m_2 と速度 v_1, v_2 が与えられれば、2物体の合計の運動量は $m_1 v_1 + m_2 v_2$ で与えられることになる。この2物体が衝突したり、力を及ぼし合って速度が v_1', v_2' に変化したとしよう。しかし、合計の全運動量は衝突の前後で変化しない。運動量の保存則が働くからであって、それは、$m_1 v_1 + m_2 v_2 = m_1 v_1' + m_2 v_2'$ ＝一定という式で表現される。

これに対し、相対性理論の世界では時間と空間の尺度は慣性系ごとに異なることになる。そこでは、その運動量と時間的な変化率を「ローレンツ変換」に合うようなものに替えなければならず、相対論的な運動量として、$mv / \sqrt{1-(v/c)^2}$ が用いられ、相対論的な質量 M は $M = m / \sqrt{1-(v/c)^2}$ で表されることになる。すると、相対論的な力学によってもニュートンの力学的エネルギーと同じ性質をもつ量として、$(mc^2) / \sqrt{1-(v/c)^2} = Mc^2$ という量が導かれることになる。もちろん、ここでも $M_1 c_1 + M_2 c_2 = M_1 c_1' + M_2 c_2'$ ＝一定という相対論的な保存則が導出されるのである。ここですぐに気づくのは、ローレンツ変換式の分母が 1 に帰し、ニュートン法則がほぼ誤差なしで貫徹することである。

万有引力の法則は、相対性理論では「重力」の問題に引き継がれるが、相対性理論は重力を地球の自転の問題、すなわち遠心力の作用を考慮に入れて、「万有引力－遠心力」と定義することになる。重力の強い空間などでは万有引力はその作用が鈍るが、相対性理論がその理由を補足説明できることになる。楕円運動をしている水星の「近日点移動の謎」もこれによって解き明かされたのである。また、従来のガリレオ・ニュートンの「速度の合成則」（合成速度＝相手の速度＋自分の速度）も地上では近似的に成立することが証明された。例えば、地上の観測者が、速度 v で走る電車の中でボールを進行方向に向かって速度 u で投げた時に観察する「合成速度」は $v + u$ であるが、相対性理論でボールの合成速度を求めると $w = v + u / (1 + vu / c^2)$（＝相手の速度＋自分の速度／（1＋（相手の速度×自分の速度）/（光速度)^2）のような物理法則となる。ここから合成速度 w は $v + u$ より遅くなることがわかるが（$1 + vu / c^2 > 1$)、上式の左辺も 1 に近いので、ニュートンの合成速度の法則は結局ここでも成立するのである。このように相対性理論は先行するニュートン理論を､特定の条件や環境の下で成立する「特殊理論」に変え、自らはそれを下位理論として包括する「一般理論」として成立しているのである。自然科学の歴史にあっては「個体発生は系統発生を繰り返す」のである。

B. ケインズ革命（有効需要の原理）

これと似た関係は、経済学でも見られた。ケインズの登場と彼によるマーシャルを含めた（新）古典派経済学への批判が、それである。マーシャルによって体系化された「限界革命」を包括した新古典派の経済学さえ､「完全雇用」を前提にした「特殊な条件下でのみ成立する時代遅れの」特殊理論にすぎないと批判されたのである。ケインズは､「自由放任の終焉」を宣言し、それにほとんど無自覚に依拠している古典派経済学を厳しく批判し、とりわけ「供給はそれ自ら需要を生み出す」というセイ法則の受容を問題にした。古典派はリカード以来、暗黙のうちにセイ法則を仮定していたからである。この仮定に立てば、ある商品について過不足は一時的にありえても、社会全体を見るとすべてのものが同時に過剰に生産されるといったことはありえなくなる。セイ法則は､商品の売買関係を､***W***(商品)—***G***(貨幣)

―***W***（商品）のかたちで捉え、貨幣を交換の仲介者としてしか見ないことから、売買関係を***W***（商品）―***W***（商品）の関係に短縮・簡約化してしまい、商品を生産することは商品を買うことであるという錯覚を生んでしまったのである。商品を生産するということは、それで贖える需要を創っていることになり、そこから「供給はそれ自ら需要を生み出す」という幻想が生まれてしまうのである。このようにセイ法則が前提されると、財はいくら生産されても販売されることになるので、生産は順調に拡大を続けることになる。市場にはそれを制御する力が働かないので、生産は常に「完全雇用水準」までヒート・アップしてしまう。そして、この完全雇用水準に達すると、賃金率の上昇が生産の制限要因となり、漸く労働供給の動きが生産の規制者となって現れてくるのである。

伝統的な雇用理論は、失業者が出ない社会を前提し、労働市場の需給関係は労働日やその強度で十分調整されると考えていた。したがって、縦軸に賃金率、横軸に雇用量をとった労働需要曲線は、不況になっても労働者が解雇されないような、いわば需給均衡点以下の労働需要量が消失した世界を描いていたのである（図 1(a)）。これに対し、ケインズの見解は失業の存在を恒常的に認めるものであった。現行賃金の下で働きたいという者がすべて雇われるまで雇用量は増し、完全雇用以後になると賃金が上がらないと労働供給量は増えないというものであった(図 1(b))。いわば、ケインズに言わせれば、伝統的な雇用理論は、完全雇用以後の世界でのみ通用する特殊理論であったのである。古典派が完全雇用という特殊な場合だけを考え、非自発的失業の存在を考えない特殊理論であるのに対し、ケインズは

図１　一般理論から見た古典派の完全雇用図

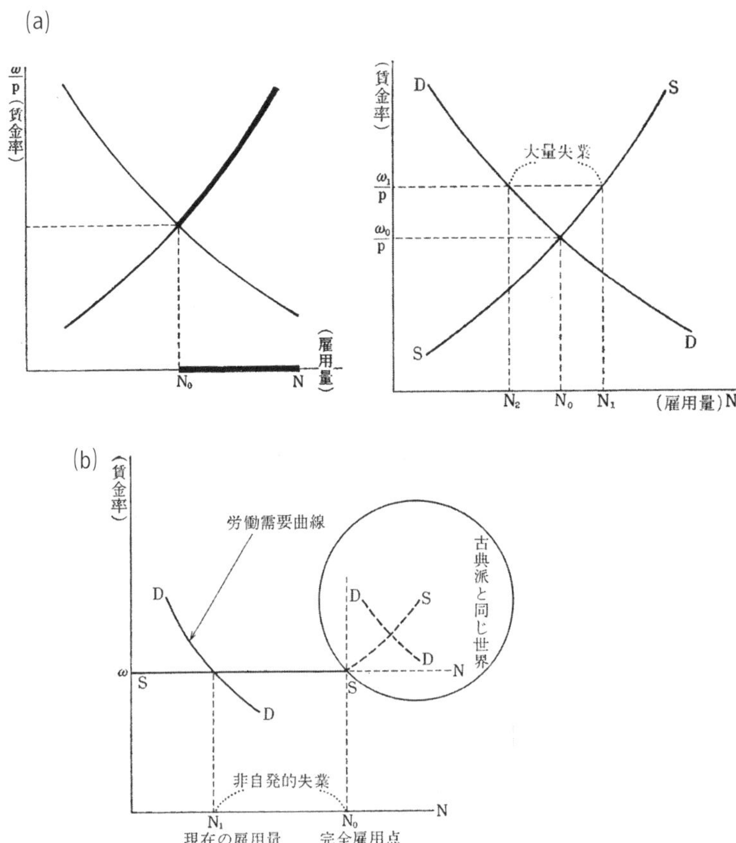

自分の経済学を、両者をともに考える「一般理論」だと自負しているのである。

ケインズ理論の核心は、「有効需要の原理」の解明にあるが、それも彼のセイ法則への批判と密接に関連していた。セイ法則によれば、雇用量が増えるにつれて生産量が増え、生産量が増えると需要量が増える関係にあるので、雇用量の変化を反映して社会全体の供給量の変化を示す総供給曲線は総需要曲線と第一象限でほぼ完全に一致することになる。だが、ケインズは二つの曲線は第一象限で交わるのであって、生産量はその交点で決まると考えた。なぜか。それにはまず社会全体の需要量がどのように決まるのか考えてみる必要がある。一国経済の生産の大きさは、外国貿易、政府の経済活動を除けば、その純生産額は誰かの所得になっているので、結局、企業を含めた人々の所得を合計した「国民所得」によって決定される。これに対し、通常の経済で我々は所得を消費だけではなく、その一部を貯蓄にも回すが、国民経済の規模で考えても、国民所得の一部は消費に、他の一部は貯蓄に回されことになる。いま、縦軸に消費、横軸に所得をとり、所得と消費の間の関係を 45 度線で表すと (所得＝消費)、消費曲線 ***CC*** は必ず貯蓄分だけその傾きが小さくなる（＝ 45 度より緩やかな傾斜)。したがって、両者は必ず交錯するのであって、その交点（Y_0）が均衡所得水準ということになる（図 2(a))。そこでは、横軸までの距離と縦軸までの距離が一致する。これ以下の所得では（例えば、Y_1)、自分が得た所得だけでは生活できず、預金を取り崩さねばならないし、これ以上の所得を得る場合はその一部を貯蓄に回すことになるのである。社会全体の総所得が即社会全体の総供給量であるのに対し、社会全体の需要は「消費需要」(＝所得のうちの消費に回される部分）と「投資需要」(＝所得のうちの貯蓄＝投資に回される部分）で構成されることになる。したがって、社会的総供給と総需要が一致するのは、45 度線と消費曲線 ***CC*** が交錯する点ということになる。そこで決まる所得(点 Y_0) は 45 度線と交わっているため、縦軸までの距離と横軸までの距離が必ず等しくな

図2　所得―投資の45度線と有効需要と所得の関係

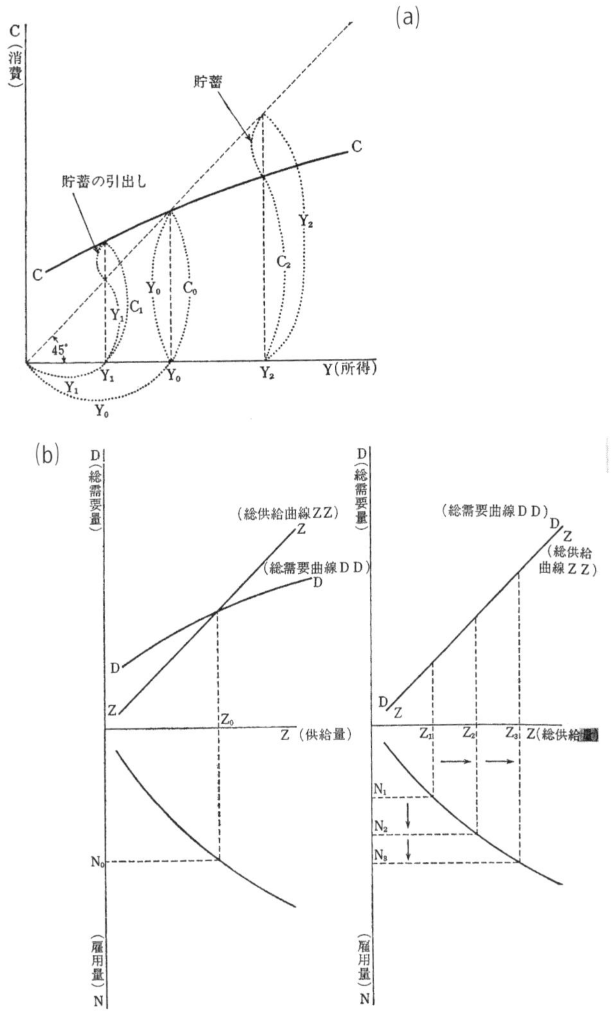

るからである。経済はこの水準を離れることがあっても、結局この水準に戻り、収束せざるをえない。というのは、これより所得水準が高ければ（例えば、Y_2）供給が過剰であるため価格

は下落し、生産は縮小するし、逆に所得水準が低ければ（例えば、Y_1）、需要量が過剰になるため価格が上昇し、生産は拡大することになる。こうして、Y_0の所得水準ないし生産水準は、国民所得に変化はあっても、元の生産水準に戻る性向を有する点で「安定的な均衡点」となるのである。

総需要と総供給をこのように捉えれば、所得水準が上昇するにつれ、社会全体の供給量と需要量のギャップは拡大していくことになる。もちろん、その差がそれぞれの所得水準に応じた貯蓄額ということになる。そこで、この差を埋めるために、貯蓄額に相当する投資需要が生まれるものとする。そう仮定しないと所得水準は維持されないからである。いま、もし社会の投資額が一定量だとすると、総需要曲線は既存の総需要曲線 ***CC*** に投資額分を上積みした新しい需要曲線（$C+I$）に上方シフトしていくことになる。したがって、経済の水準は45度線と新しい総需要曲線の交点で決定されることになり、その供給水準を生み出すための新しい雇用が必要となる（図2(b)）。だが、この雇用量は、現行賃金の下で働きたいという雇用とそうでない雇用を含んでいることになる。そこで働く意思を持ちながら雇用されないでいた労働者が「非自発的な」失業者ということになる。伝統的な経済理論は、経済水準の決定因を、財市場ではなく「労働市場」にあると考えていた。財市場ではセイ法則が働くため、経済水準は必ず完全雇用水準にまで押し上げられていると想定されたからである。これに対し、ケインズは経済水準の決定因を再び「財市場」の方に戻し、総需要を決定するのは「有効需要」であるとし、それを決定する「消費と投資」の大きさが総供給量の大きさになると結論したのである（$Y=C+I$）。

伝統的な雇用理論に対し、ケインズは失業の存在を恒常的に認め、現行賃金の下で働きたいという者がすべて雇われるまで雇用量は増加するが、完全雇用の後には賃金が上がらないと労働供給量は増えないと考えた。いわば、ケインズに言わせれば、伝統的な雇用理論は、完全雇用以後の労働市場を扱った、いわばそこでのみ通用する特殊理論だったというわけである。古典派は完全雇用という特殊な場合だけを考える、いわば非自発的失業の存在を想定しない特殊理論であり、ケインズは自分の経済学を両者をともに包括して捉える「一般理論」だと自負しているのである。

経済学と物理学の学問発展経路における並行性と相似性を述べてきたが、その正確無比な対比はともかく、ケインズ以降に発展を見る現代経済学に対し、マルクスとワルラスの経済学が経済学の「古典」の位置を占めているということに反対する経済学者など一人もいないであろう。

C. 耐久財のジレンマ—二つの経済学の「古典」化

ケインズが、「自由放任の終焉」を宣言したとき、実は資本主義経済そのものに大きな変化が起こっていた。資本主義は爛熟期に入り（＝帝国主義段階)、形態的にも、実質的にも大きな変質を遂げる。金融資本が支配的となり、株式会社の普及もあって産業は鉄鋼業を中心にした重工業化を遂げるのである。これは、当然のことながら、従来の綿工業に比し、巨大な固定資本を伴うものとなり、そこでの過剰生産は容易に解消されるものではなくなる。これまでは、供給過剰は製品価格の下落を促し、やがては供給の縮小を導くといったかたちで、価格が市場の需給関係を調整してきたが、もはや供給や需要が弾力的に働かない事態が出来するのである。市場機能の限界が露呈してきたといってよい。

こうして、資本主義が重工業化を遂げると、購入されて固定資本化する「資本財」に関し、その供給に等しいだけの需要は発生せず、資本財市場の均衡のためには、「価格調整」に代わる「数量調整」が必要とされるようになる。資本財の供給量が抑制されると、資本財産業の生産要素需要は減少し、その労働市場や資本用益市場には供給過剰が生じることになる。これらの市場で価格調整が効けば、こうした過剰はやがて解消するが、資本財供給では価格調整はそう簡単には働かない(1)。結局、資本財供給を数量調整せざるを得なくなるわけだが、その結果が労働市場に跳ね返って失業を生み出すのである。したがって、こうした失業は、資本財供給を数量調整した結果生じたものであって、一見「自発的に」見えても、まさにケインズの謂う「非自発的失業」なのである。

このように、反セイ法則の経済では、価格調整と数量調整の両方が行われることになる。今のところ、証券市場と消費財市場、資本用益市場では、価格調整が支配的であり、それによる需給均衡が維持されている。そこで利子率と資本用益価格が決定されると、「資本の限界効率（＝期待収益率）」の法則に従い、資本財の価格が定まる。資本財市場は、投資機会が少なくなると、供給側に過剰供給を抑制するための数量調整の動きが現れ、資本財生産量は丁度投資需要に見合う水準まで切り詰められることになる。この数量調整を伴う生産縮小の結果、そこでの労働市場で供給過剰が生じるが、賃金調整の如何を問わず、そこで成立する労働市場の均衡は「非自発的失業を伴う均衡」ということになる。現実の資本主義がセイ法則の世界から離れれば離れるほど、「完全雇用」は遠くなるのである。

D. 価値論から経済成長論へ

資本主義が構造変化を繰り返し、完全競争市場の理念が現実から遠ざかって行けば行くほど、経済学者は価値論への関心を失い、価値論はお蔵入りを強いられるようになった。そして、それと軌を同じくして価格調整に代わり数量調整がその重要性を増していったのである。また、ケインズ理論、とくに彼の所得決定理論は、定常状態の経済活動だけではなく、短期的にも正の純貯蓄を許すような本質的に経済原則のマクロ的解析といえるものであり、無時間的なローザンヌ学派の経済学とは異なり、「動学的な要素」を含んでいた。こうした新しい経済学の環境のなかで価値論そのものが消極化され、経済学の主要テーマも価値論から成長理論へと移っていったのである。古典はもはや現実世界の分析について理論的な妥当性を有さぬ、「効用なき経済理論」へと転落していくのである。

かわりに重要なテーマとして登場したのが、経済成長の論議であり、一度、ローマ・クラブにより「成長の限界」が警告されたものの（1972年）、成長神話は根強く、現在でも脱炭素社会における「経済成長の持続可能性」がOECD等で一大テーマとされている。上述の価格調整と数量調整の問題は、現代資本主義の変質の有り様に深く関わっている。現代資本主義は次のどちらの方向に向かっているのであろうか。「価格調整」機能を維持・強化し、資本主義の本旨を貫く方向に向かっているのか（＝新自由主義）、それとも「数量調整」機能を強化して徐々に（貯蓄・投資を管理・操作する）国家資本主義ないし集権資本主義の方向に向かっているのか。価格調整を重視するなら市場機能の復活を目指さなければならないし、逆に数量調整を重視するなら、市場を後退させ、政府が前面に出て経済を組織化する管理資本主義を目指さなければならない。1970~80年代に始まる新自由主義（規制緩和・民営化と「小さな政府」）は前者に、これに対抗するケインズ主義の左派（福祉・「分配の正義」と「大きな政府」）は後者に属することになる。換言すれば、いずれの市場調整を選択するかは、ケインズ主義と新自由主義の対立につながる問題であり、経済学者に引き付けていえば、「ケインズvsハイエク」の選択問題になる。これは、私の最後の仕事として現在纏めているので割愛するが、ケインズ自身は資本財市場と労働市場を除けば、価格調整機能の復活を是認・希求しており、イノベーションの波や新産業革命で投資ブームが起これば、投資や貿易の国家管理を中止し、経済を再び自由化すべきだと考えていた。彼は、一方で経済の「社会化・組織化」・「計画」に言及しつつ、同時に「私有財産制度」を認め、私利（利潤、効用）の追求を認め、個人的自由主義を尊重していた。現代資本主義の行方は、この「振り子」がどちらに揺れるのかに、またその結果どちらのほうが経済成長と国民の厚生増大をもたらすのかに、掛かっているのである。

E. おわりに―さらば古典、されど古典

マルクス・宇野の価値論とローザンヌ学派の一般均衡論は、まさに、ニュートンが物理学の発展で果たしたのと同様の役割を後の経済学の発展に対し果たしたと見てよいであろう。それらは「全体知」の閉鎖体系であって、その論理に自己完結性を有している。したがって、そのままでは経済分析に直接に適用・応用できない。いずれも「全体知」であり、簡単に「部分知」としての利用を許さない関係にあるからである。その知識を部分的に経済分析に利用しようとしても、ほとんど得るところはなく、現代資本主義の構造、運動、動向の分析にあまり資するところはないであろう。

あえてその経済学的効用を問われれば、「資本主義とは何か」「商品経済とは何か」、その本質を認識できるという「無効用の効用」とでもいうことになる。強いていえば、「自分が生きている時代や社会がなんであるかを知る」、いわゆるインテリゲンチュアの資格を得ることであろうか。それでは、両者とも「古典」として一部の経済学者・思想家の手に委ね、静かに眠らしてしまえばよいかというと、そういうわけにもいかない。価値論はともかく、方法論のレベルではまだまだ役に立ちそうであり、そう簡単に「断捨離」に付すわけにはいかない。

宇野理論は、マルクスから受け継いだ弁証法―これは価値形態論という「大輪の華」を咲かせた―の活用という点で現代資本主義の分析に、また一般均衡論は数理経済学の発展・応用というかたちで現代資本主義の数量的分析に活用できるし、貢献

もしよう。宇野の流通論は価値と使用価値の矛盾・対立から商品 → 貨幣 → 資本の流通形態を展開し、それが「労働力」の商品化を媒介に経済実体を包摂するというかたちで見事に資本主義の特殊性の解明を果たしたわけだが、弁証法は、この事例にみられるように、経済の数量関係ではなく、質的関係の把握に有効に働くものと考えられる(2)。これに対し、一般均衡論の方は、均衡解の一意的、安定的な存在の証明に数学の集合論、トポロジーの知識を要請したように、部分均衡論の領域や動学の領域で今後も高度な数学・統計知識の利用を促すものとなろう(3)。

アダム・スミス → リカード → マルクス → 宇野弘蔵の価値論がニュートンの天文学・力学を模範にしたものであったのに対し、クールノー → ワルラス → パレートのローザンヌ学派は、それにとどまらず19世紀後半のマッハ、ラグランジュらの科学方法論、数学を模範にしたものであった。いずれも物理学における自然法則の探求が、経済学の方法論にも刺激を与え、これを補足した生物学の方法論と並び、経済学の発展に大きく貢献したのである。

【注】

(1) ここでの議論は森嶋道夫のいう「耐久財のジレンマ」に関連している。森島は耐久財にはレンタル市場と売買市場の「二つの市場」があり、レンタル価格 p は売買価格 P と $p=$（利子率＋消耗率）$\times P$ という比例関係になければならないが、そうなると売買価格の方は市場での需給関係とは独立に決まってしまうことになるし、逆に売買価格が需給によって決まってしまえば、今度はレンタル価格の方が、需給とは無関係になってしまう（＝一物多価の可能性）。二つの価格の内の一つが「利子率を通じて他の価格に縛られている」から、こうしたジレンマが発生するのである。これを克服するには、再びセイの法則に頼るしかないが、耐久財の多い資本主義ではもはやセイ法則は機能しないので、自由放任に戻しても失業問題は解消しない。それゆえ、現代資本主義は「宿命的に」失業問題と格闘せざるをえないというのである。

(2) 例えば、弁証法は現状分析ではヘゲモニー国家の通商政策・イデオロギー（グローバリズムと新自由主義）と各国国民経済との間の矛盾・対立、世界経済の基軸と周辺の関係変化やヘゲモニー対立とその移行などの分析に有益な視点を与えてくれよう。

(3) 例えば、W.W. レオンチェフの産業連関表はワルラスの一般均衡分析を産業を単位としたものに変えた上で、一方ではそれを単純化し、他方ではそれを加工し複雑にしたものといってよい。すなわち、それは生産物の需要関数と生産用役（＝本源的生産要素）の供給関数を除外しつつ、生産に本源的生産要素だけではなく、生産物自身を含めたものである。

あとがき

　ここで本書の執筆に至った私の想いを簡単に記しておく。そのためにはまず私の経済学遍歴について簡単に説明しておく必要がある。私は早稲田大学商学部を卒業後、宇野弘蔵の高弟であった北大の降旗節雄教授の門を叩き、30代の前半迄、宇野シェーレの一員としてマルクス研究を続けていた。院卒後、筑波大学の社会科学系に5年間勤務したものの、その後1980年代に長い浪人時代に入った。次第に「持続する志」も萎え、学問の世界に見切りをつけようと考え、貧しいながらも青年時代の学問成果を世に問うて（「資本論と国家」論創社刊）、帰省しようと思っていた。だが、そこに思わぬ私を「拾う神」が現れ、その人たちのおかげで漸く大学に職を得、アカデミズムの世界で学究生活を続けられることになった。

　人生のどん底のこの期に、私の歩みを支えてくれたのが、今は亡き早稲田大学の松原昭先生と龍谷大学の奥村宏先生であった。松原昭先生は早稲田商学部で社会主義経済学や労働経済学を教えておられたが、浅沼茂二郎で有名な「建設者同盟」の指導者・北沢新次郎先生（後に東京経済大学総長）の最後の愛弟子であり、危機的な状況に陥ったマルクス経済学を救うべく若い血を外部から注入しようと、私を招聘してくれたように思える。また、奥村先生は私が宇野学徒として所有論をやっていたことをご存じで（私の修士論文は「領有法則の転回」）であった）、面識もない私にわざわざ所有論研究会を立ち上げないかと声をかけてくれたのである。奥村先生の「法人資本主義論」は、ロンドン大学にいた辛口批評で知られる森嶋道夫氏も「日本人には稀な業績」と賞賛するほどユニークな仕事であり、私に否応はなく、喜んでその申し入れに応じることになった。実際お会いしてみると、奥村先生は権威主義的なところがまったくない気さくな先生であり、すぐに二人の学問的関心も重なり合っていることがわかった。一つは、いわゆるM&Aの問題であり、もう一つは民営化・規制緩和の問題であった。二人とも、この二つテーマが世紀末の日本資本主義を大きく変えるファクターになると睨んでいたのである。

その後、早稲田のマルクス経済学は「社会経済学」と名称を変え、必修科目から外されていくが、松原先生はまるでそれと軌を同じくするように、静かにご逝去なされた。数年前から門下生十数人が、還暦記念論文集の出版計画を勧めていたが、最後まで頑なに拒否されていたことが記憶に新しい。先生はいささか偏屈だが、文字通り ”warm heart, cool head” の碩学として、多くの弟子に囲まれながら学究生活を続け、1995年に他界された。

もう一人の恩人、奥村宏先生との交流は、10人近くのメンバーで民営化研究会を立ち上げ、熱海で何度か合宿をしたが、M&Aや民営化問題に懐疑的・批判的な立場をとる先生と肯定派の私との間で調整がとれず、出版計画まで固まっていたが、結局なんらの成果を残さないまま、研究会は自壊してしまった。その後、奥村先生は中央大学に移り、大阪の枚方から週一度授業のために上京される変則的な生活に入るが、上京の折に時々連絡があり、その度に東京駅のレストランでお会いし近況を語り合った。だが、その後、奥村先生は法人企業の経済哲学的な分析や企業ガバナンス問題に研究の軸足を置くようになり、私は1990年代のケンブリッジ留学を契機に規制緩和・民営化研究にのめり込んでいったため、交流は自然と先細りになっていった。先生は最後まで21世紀の企業像を探究されていたが、数年前に他界された。

このケンブリッジ留学は私の研究課題を大きく変える契機にもなった。ケンブリッジでは、応用経済学研究所の所長D. ニューベリー教授が主宰する民営化研究会に参加させてもらい、毎週、C. ドイル、R. グリーン、M. アームストロングといった優秀な若手研究者と一緒に、世界中からやってくる学者や行政マンの民営化レポートを拝聴することになった。そこで問題にされたのは、民営化がミクロ次元（産業レベル）・マクロ次元（国民経済レベル）で経済・社会に及ぼす効果や影響の定量分析であり、要するに客観的な政策評価であった。その研究会では、当然のことながらレポーターは数学や統計学をふんだんに利用した報告を行い、討議に入るわけだが、数理経済学や計量経済学の知識がないと議論に入っていけないという厳しい現実があった。宇野理論しか知らない私は立ち往生するしかなかったのである。その時私を救ってくれたのが、当地で私の世話役を勤めてくれていたR. グリーンである。彼は何冊かミクロ・マクロの必読書を読むように勧めてくれたが、とくにミクロ経済学ではH. ヴァリアンとD.M. クレプスを教科書として読むように強く進めてくれた。これを読破するには、いずれも数学の基礎知識が必要であった。こうして英国留学を境に私は独学で数学とミクロ経済学を学習するようになった。ミクロ経済学の第一人者はJ.R. ヒックスであり、さらに遡ればマーシャ

ルの新古典派や ワルラス・パレートのローザンヌ学派にまで行き着くわけである。こうして私は、帰国後約20数年を、一方では民営化・規制緩和に関する欧米の文献を読みながら、同時に古典を少しずつ紐解く学究生活を続けることになったのである。

いま、こうした学究生活を振り返ると、私は期せずしていわゆるマル経と近経の両方を学んだことになるわけである。私のこうした学問遍歴を「転向」と評する者もいると仄聞したが、不思議なことに、私の頭のなかでは近経とマル経は大きな軋轢を生まずに同居しえたのである。この両者をどうしてあまり違和感なく、受け入れることができたのか。その理由を探っておきたく思ったのが、本書執筆の第一の動機である。

いうまでもなく、宇野理論はマルクスの唯物論に立脚した経済学であり、これに対し、ローザンヌ学派は「市場交換の事実」の観察に根差した、いわば経済主体の意識を重視した主意的・観念論的な経済学である。宇野価値論が純粋資本主義の運動法則を体系的に説いた唯物弁証法の「清華」であるのに対し、ワルラス・パレートの一般均衡論は「没価値」論の立場から商品価格の相互連関分析を行った主意的経済学の「清華」である。両者は方法論的・認識論的には根本的に異質であるが、それにもかかわらず、いずれも①完全競争市場を前提に自己完結的な価値論（＝等価交換の法則）を築き、②政府介入を排除するかたちで、自律的な市場機構の運動法則を体系的に解明し、③脱イデオロギー・没価値的な「純粋経済学」を志向している点で共通している。両者ともに「全体知」をなす体系をなしており、その結果、安易な利用や適用を許さないものになっている。どうして、こう奇妙な親近性があるのか。最近、筆者は物理学（＝量子力学）の方法論から、この問いへの答えを見出せるのではないかと考えるようになった。そうした理論上のヒントを与えてくれたのが、D. ボームらの「ホログラフィー・モデル」である。

T. クーンのいう科学革命（＝パラダイムの一大転換）を持ち出すまでもなく、すでに経済学の世界では、ケインズの「一般理論」の登場を俟って完全競争市場を前提にした二つの経済学は一般理論としてはその役目を終え、経済学の古典（＝特殊理論）の位置に追い遣られていた。ケインズ革命の道は、物理学におけるニュートン力学の世界からアインシュタインの相対性理論の世界への移行と類似していた。年代的にも見ても、二つの科学革命はほぼ並行して進行しており、ケインズの「一般理論」は（新）古典派経済学やそこでの法則は特定の条件や制約の下でのみ有効であるとし、それを「経済学の古典」として位置づけていた。だが、そのためには両者の位相と併存・両立可能性が確認されなければならない。最近の量子力学の確率的な実在論や「マルティバース（多元世界）」の世界観が、唯物論と観念論から成る二つの価値論の同時併存を素直に認めてよいことを示唆しているように思える。古典としての整理が可能に思えたことが、本書執筆の第二の契機となっている。

そして、最後に「古典の効用」に関わる問題がある。資本主義は数世紀をかけ、ここまで来たが、今後どこまで変化しつつ存続するのであろうか。その有り様と行方に多くの関心が寄せられている。上は世界経済の覇権をめぐる米中の対立（資本主義 vs 集産主義）から、卑近には一国規模における民営化と公有化のせめぎ合いまで、今後の資本主義の行方は予断を許さないものがある。それを考えるときに、この二つの古典から、資本主義を「市場経済こそ人類の最高の発明」と肯定的に評価するのか、それとも格差を生む金銭社会はもはや御免と否定するのか読者に熟考して欲しい。いずれにせよ、資本主義の本質を捉える眼だけは養ってほしいと願っており、これが私の読者へのラスト・メッセージとなる。

最後になるが、本書の出版を快諾してくれた社会評論社の松田健二氏に心からお礼を申し述べたい。思い起こせば社会評論社は40年以上も前に私が商業誌でデビューさせていただいた出版社であり（降旗節雄編「宇野理論の現段階1−経済学原理論」、その時の担当者が松田氏であった。「奇しき縁」に思いを寄せながら、一緒に仕事をできたことを心から喜んでいる。

2023年5月19日

◎著者紹介
山本　哲三（やまもと てつぞう）
早稲田大学名誉教授
1947年生まれ
1970年　早稲田大学商学部卒
1974年　北海道大学大学院経済学科
博士課程終了

宇野理論とパレート最適
さらば古典、されど古典

2023年10月30日　初版第1刷発行

著　者　山本哲三
発行人　松田健二
発行所　株式会社 社会評論社
東京都文京区本郷2-3-10
tel.03-3814-3861　Fax.03-3818-2808
http://www.shahyo.com
装幀組版　Luna エディット .LLC
印刷製本　倉敷印刷 株式会社

脱成長のポスト資本主義

白川真澄／著

資本主義の手直しか、それとも乗り超えか。深刻化する気候危機や格差・貧困の根本的解決をめぐって、「分配重視による経済成長」論、グリーン成長論、MMTとの批判的討論を通してオルタナティブを鮮烈に提示する。

2500円＋税　A5判並製256頁

マルクス経済学の論点

岐路に立つ世界を読むために

勝村 務／著

近代の到達点としての現代経済·現代社会は、限界を露呈しつつも、オルタナティヴの提示を簡単に許していないところがある――。マルクス経済学の基礎理論である原論（原理論）についての研究、現代経済・現代社会を解き明かすことを目指す研究、そして、経済学の方法を扱ったエッセイなどマルクス経済学からさまざまな問いを立てている論考を集成。

2273円＋税　A5判並製304頁

脱資本主義

S. ジジェクのヘーゲル解釈を手掛かりに

高橋一行／著

スロベニアの哲学者スラヴォイ・ジジェク。ヘーゲルやラカンへの独自の解釈でポストモダン思想とは一線を画している。その理論を参考に本書は著者自身の「脱資本主義論」を展開すると同時に、日本人によるジジェク論の先駆けとしても書かれた。

2500円＋税　A5判並製272頁

リカード貿易論解読法

『資本論』に拠る論証

福留久大／著

優れた研究者四名（宇沢弘文・小宮隆太郎・中村廣治・根岸隆）の誤解に基づく弱点が明示される。通説を根底から覆す“福留比較生産費説”。国際経済論や学史テキストに変更を迫る著者渾身の論考。ディヴィッド・リカードはどのように誤解されてきたか。

2600円＋税　A5判並製292頁

現代に生きるマルクス

思想の限界と超克をヘーゲルの発展から考える

中井浩一／著

マルクスの思想は世界を変えた。だが社会主義体制は破綻して、資本主義が地球規模の環境破壊を加速する。マルクスの限界をその思想源泉であるヘーゲルから捉え直す、実践のための論考。

2700円＋税　A5判並製292頁

社会的連帯経済への道

続 未踏の時代の経済・社会を観る

井上良一／編著

新自由主義経済への対抗軸になりうる社会システムの考察。日本のこれからを考えたときに、「『企業の政府』から『市民の政府』への構造転換を図ることである」と結論づけても良いように思います。ここには、国から地方へという考え方も含意されています。これは私の成熟社会論そのものから引き出される考え方でもあります。

2700円＋税　A5判並製328頁